卑弥呼女王国と日本国の始まり

九州起源の日本国

田島代支宣

海鳥社

はじめに

私は古代歴史について特別な素養を持っていたり、専門的な訓練を受けたわけでもない。それでも、古代歴史の魅力にひかれて初めて『日本書紀』を読んでみた。初めの部分の年代は信じられず、まず「神の国」であることにふれ、特定の民族の優秀さのみを過大に記録している印象を持った。記事があまりにも文学的すぎる部分も多い。

一つの記録や考え方を神または悪魔としても進歩はなく、真実から離れるのみである。その神または悪魔が何であるかを知ろうとすること、その時、色々な考え方を広く受け入れていく寛容的方法が求められる。

しかし、邪馬台国（または邪馬壱国）についても膨大な説や解説がある。それらの全てを述べてから正しいものを選び出す能力は小さい。それでも、できるだけ多くの説を読み、その中から推理と仮説と実証によって、より真実に近いものを抽出して構成するのみである。

それはきわめて一面的であり、確定的なものでない。

人間の歴史である以上、水や森や風土からの制約、農耕の歴史、青銅器や鉄器の普及などの影響を強く受けているに違いない。古代の文化が中国や朝鮮から伝来した事実も大きな流れである。さらに民族の一部がそれらから移住してきたこともある。

方法論についても、宗教、歴史文書、古墳、地理、地名、風土など多角的・多元的なものを取り入れた。

現地もできるだけ見てみた。奈良と北九州に住んだことも大きな力となった。

謎だらけであり、多くの仮説に満ちている。

しかし、精一杯歴史の真実に実証的に迫ったものである。それは断定的なものになり得ない。あるのは自分がどこから来たかを知りたいという思いと古代歴史に対する情熱である。加えて、歴史を知ることは将来のことを考える時に大きな判断資料になるからである。

一つの考え方を絶対化することなく、より多くの考え方を寛容をもって受け入れていくことの重要さは時代が変わっても変わらない。そのうえで、とらわれない新しい視点から真実を実証的に見ていくしかない。

二〇〇八年七月

田島代支宣

九州起源の日本国

―卑弥呼女王国と日本国の始まり―

目　次

第五章　日本国の成立

第一章

アマテラス神話と高天原

一　アマテラス神話

『古事記』、『日本書紀』（以下、「記」、「紀」と略す）は、古代日本の成立について多くの情報をもたらす。それは神話であるが、史実を反映している。

1　アマテラスの生誕

国生み神話とそれに続く黄泉神話において、創造神の性格を持つイヤナギ（伊邪那岐）とイヤナミ（伊邪那美）は、大八島などの国土と神代の主役となる天照大御神、月読命、建速須佐之男命の三神を生む。「イヤナギの大神、詔りたまひしく『吾はいなしこめしこめき穢き国に到りてありけり。故、吾は御身の禊為む』と詔りたまひて、筑紫の日向の橘の小門の阿波岐原に到りまして禊ぎたまひき」（「記」）「ここに左の御目を洗ひたまふ時に成れる神の名は天照大御神、次に右の御目を洗ひたまふ時に成れる神の名は月読命、次に御鼻を洗ひたまふ時に成れる神の名は建速須佐之男命」（「記」）

この生誕の場所については、九州について神話の初めの部分で四つの地方がありとし、筑紫国（白日別）、豊国（豊日別）、肥国（建日向日豊久土比泥別）、熊曾国（建日別）とする。

筑紫は現在の地名から見ても福岡である。さらに日向についてはヒナタと読み、山または丘陵の南斜面である。橘については香椎宮の北にある立花山を一つの比定地とできる。小門は小河川の河口であり、阿波岐原は青々とした常緑樹のある野原である。神話は史実でないが、史実を反映し、場所についても全くの架空とはとれない。

2　三神の誕生

イヤナギは三神が生まれたことを喜び、首飾りを天照大御神に渡し高天原の統治をまかせた。『『汝命は高天原を知らせ』と事依さして賜ひき。〔略〕次に月読命に詔りたまひしく『汝命は夜の食国を知らせ』と事依さしき。次に建速須佐之男命に詔りたまひしく『汝命は海原を知らせ』と事依さしき」（『記』）

神話は現実的になるだけでなく、神に人格が与えられている。そのうえでアマテラスには高天原の統治をまかすだけでなく、三人に具体的に領地を与えている。順に、左の御目、右の御目、御鼻とするので、具体的な比定地として筑後川の左岸、右岸、河口部または有明海を比定地の一つとできる。

アマテラス―高天原、左の御目（筑後川の左岸）

ツクヨミ―夜の食国、右の御目（筑後川の右岸）

スサノオ―海原、御鼻（筑後川の河口部または有明海）

行政上の役割として、アマテラスについては高天原の統治、ツクヨミは月と読国の食す（統治）とするので行政王とし、スサノオは海原を統治せよとする。当時、河口部または有明海沿岸は荒地であり、干拓をしないと利用できなかったから、アマテラスとの差はきわめて大きい。これが次のアマテラスとスサノオの対立へと発展する。『魏志倭人伝』ではヤマト国と狗奴《くな》国の対立として記録された。また狗奴は熊とも音が類似しており、後代の熊襲との関係を推定させる。

3　アマテラスとスサノオの対立

スサノオは海原の統治に不満を持つだけでなく、妣《はは》の国（母のイヤナミのいる国）を恋しがった。そして、青山を枯山にし、河海の水を乾かしてしまうなどの乱暴を働いた。そのため追放されることになり、いとまごいのため、高天原に向かった。

アマテラスは武装してスサノオを迎え、二人の間には「宇気比」（神に誓い、その正否を問う）がなされ、天の安河を挟んで相対し、双方で剣と玉とを交換し、それぞれ打ちくだいて心の証をたてるものであった。

宇気比に勝ったスサノオは心がおごり、さらに色々な乱暴をするようになった。

- アマテラスの営田《つくだ》の畔を離ち溝を埋めた。
- 大嘗《おおにえ》を聞こしめす殿に屎をまき散らした。
- 神衣を織っている時、その服屋の頂を穿《うが》ち、天の斑馬の皮をはいで堕し入れると服織り女が驚いて梭《ひ》に陰上《ほと》をついて死んだ。

この三つの行為は農耕、神事、絹生産の基盤を打ち壊すもので、スサノオとアマテラスは決して妥協できない状態になったことを示している。推定されることは両者の対立と戦争である。

4　天の岩屋戸

アマテラスはスサノオの乱暴があまりにもひどいので、天の岩戸に隠れた。天地は闇となった。そこで八百万の神々は天の安河に集い、相談し、思金神《おもいかねのかみ》の知恵でアマテラスを岩屋戸から引き出すことに成功し、世界は明るくなった。この時、高天原だけでなく、葦原中国《あしはらのなかつこく》も明るくなった。つまり両国は近距離にあった。

スサノオは「千位《ちくら》の置戸」（罪けがれを祓うためのもの）を負い、ひげを切り、手足の爪も抜かれて追放された。

ここで示す天の岩屋戸、天の安河は比定でき、アマテラスが隠れたのは死を暗示している。スサノオは母の国である出雲に追放されることになる。

5　スサノオの追放

スサノオは「高天原やらはえて（追放されて）出雲国の肥の河上、名は鳥髪という地に降りたまひき」（「記」）。

「宮造るべき地を出雲国に求きたまひき。ここに須賀の地に到りまして詔りたまひしき。『吾此地に来て、我が心すがすがし』と詔りたまひて荒地に宮を作りて坐しき」

「紀」（神代記）は述べる。

「スサノオはその子イタケルを率いて新羅の国に降られてソシモリに着いた。『この地にはいたくない』として土で舟を作り、それに乗って東の方に渡り、出雲の国の簸《ひ》の川の上流にある鳥上の山に着いた」

鳥髪（鳥上）は島根県横田町と鳥取県日南町の境にある船通山《せんつうざん》の古名とされる。簸の川は今の斐伊《ひい》川である。

スサノオの追放地は現在の島根県（出雲）ととれる。ここで、スサノオは怪物退治をする。また、子孫の大国主命も大活躍する。当時の出雲は鉄器の先進地区でスサノオはそこの開発をする。

追放されたが、スサノオは勇者であり、怪物を退治し、国土の開発をしていく。子孫の大国主命は数々の善政をしいて出雲の国を支配する。

6　天孫降臨

アマテラスは大国主に対しスサノオの持っていた国の支配権の返上を計る。

●アマテラスは「水穂の国は子のオシオオミの知らさむ国」として、下界に遣わすことにした。

●まず、天菩比神《あめのほひのかみ》が遣わされたが、大国主に媚《こ》びて、三年経っても復奏しない。

●さらに天若日子を遣わした。

●建御雷之男神を下界に送った。力比べに勝ち、大国主は国土の返上を約束した。

この場合の国土は当初スサノオが領していた筑後川の下流域ととると前後のつじつまが合う。大国主はスサノオの子孫でそこの支配権を持っていたため、領地の返上を迫った。

または、高天原に成立した政権には強い反対勢力があり、子孫の降臨にあたって武力または政治力によって領土を拡大したととれる。

このあとで天孫降臨が開始される。それは「記紀」の記事からは九州内での領土拡大にとれる。

アマテラスと高木神はオシオオミに言って、葦原中国は平定されたから降って治めよ、とした。しかし、オシオオミはこれには従わず、子供のニニギの降臨をすすめる。

そこでアマテラスはニニギ（アマテラスの孫）に五伴緒《いつとものお》を従えさせ、勾玉、鏡、草那芸剣を授け、「この鏡をわが御魂としてわが前を拝《いつ》くごとくせよ」とする（つまり、ニニギは三種の神器を授かった統治者である)。

ニニギは天石位《あめのいわくら》を離れ、天の八重那雲を押し分け、稜威の道別きて、天の浮橋にうきじまり、笠紫の日向の高千穂のくじふる嶺に天降った。

この時、天忍日命（大伴氏の祖）と天津久米命（久米氏の祖）は天の石靫《いわゆぎ》を負い、頭椎《くぶつち》の太刀をはき、天の波士弓《はじゆみ》を持ち、天の真鹿児矢《まかごや》を手挟み、御前に立って仕え奉った（つまり、武人がニニギを守っている)。

降り立ったニニギは、「ここは韓国に向かい、笠沙の御前を真来通りて朝日の直刺す国、夕日の日照る国なり」と言った。

この前の部分でアマテラスは宣言している。

「この豊葦原水穂国は汝知らさむ国ぞと言依さしたまふ」

この部分について「紀」によると、

「葦原の千五百秋の瑞穂の国は、是、わが子孫の王たるべき地なり。いまし皇孫就きて治らせ。行至、宝祚の隆えんことを」

と統治の宣言をしている。一つの民族の子孫が治めるべき土地として決めつけている。その実際の行為には武力が伴ったと見る。先住の民族の地を武力で侵略していったのである。

この降臨地の事項を抽出する。

●高天原と降臨地は近く、陸続きである（降臨にあたって舟を使っていない)。

●韓国（朝鮮）に向かい合っている。またはきわめて近い。

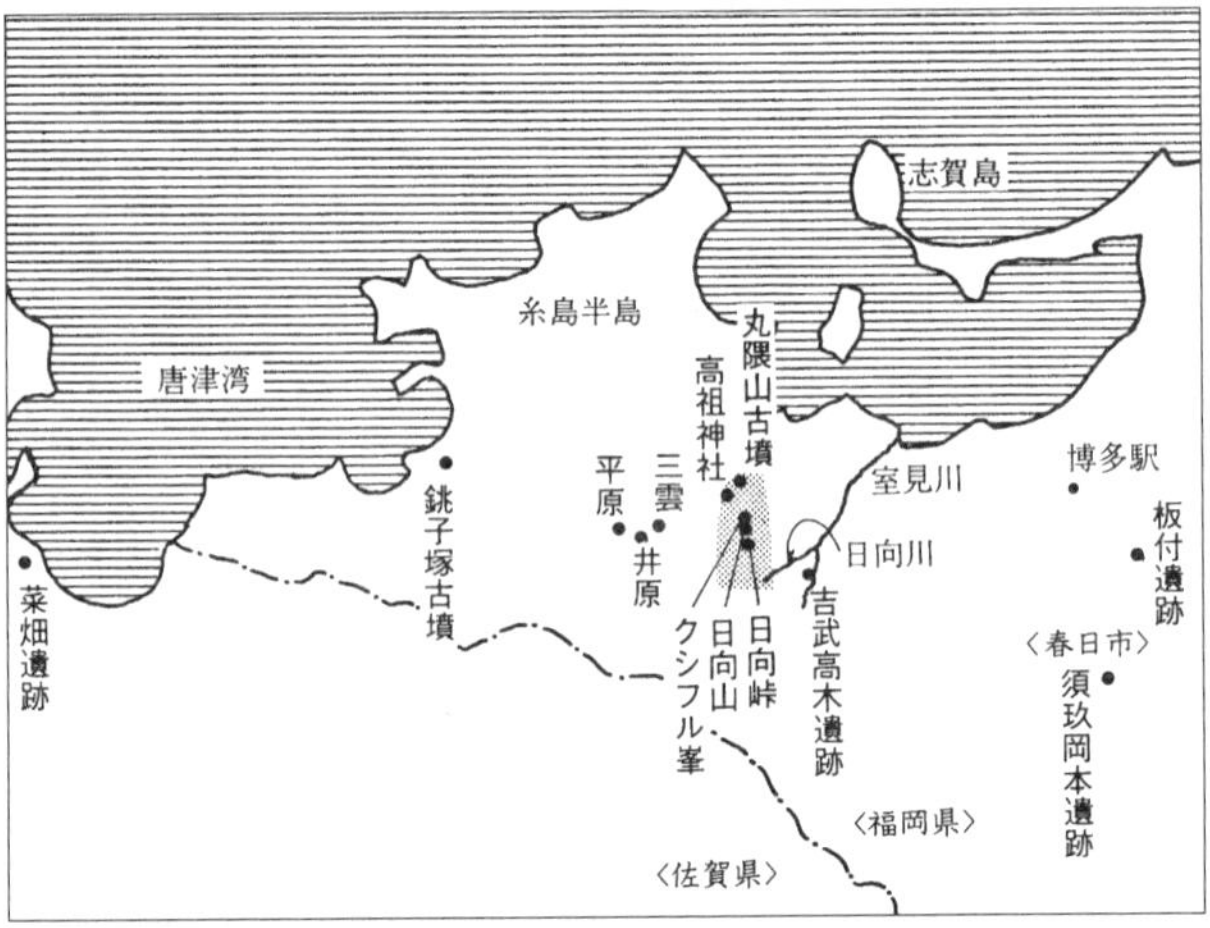

図1　「天孫降臨」関連図（出典：古田武彦『日本古代新史――増補・邪馬一国の挑戦』）

●水田耕作の適地である。

●具体的降臨地として「笠紫の日向の高千穂のくじふる嶺」とする。笠紫は筑紫で、日向は日当たりの良い所、高千穂は高い峰であり、くじふる嶺は固有名詞である。すると、この全ての条件に合致する所として福岡県の高《たか》祖山《すやま》のふもとがある。日向地名も、くじふる地名も現存している（図1）。

高祖山をとりまく所には菜畑遺跡、板付遺跡、土生《はぶ》遺跡（小城平野）などがあり、古くから水田耕作の適地である。また、三種の神器（剣、玉、鏡）の発掘地として三雲遺跡（前原市）、須玖《すく》岡本遺跡（春日市）、井原遺跡（前原市）、吉武高木遺跡（福岡市）などがあり、神話を裏付ける。

なお、博多湾の御笠川河口には笠狭の崎があり、傍証となる。

水田適地、港があり、気候温暖である。まさに瑞穂の地である。

二　国生み神話

国生み神話の主役はイヤナギとイヤナミである。

イヤナギ・イヤナミの二柱の神は、漂える国を創成せよ、と天神から命ぜられた。

二神は賜った天沼矛を持ち、天浮橋に立ち、矛をさしおろして海水をかきまぜると、淤能碁呂島《おのころじま》ができた。二神はその島に下って行き、天の御柱を立て八尋殿を建て、男神は左から女神は右からまわってまぐわいをしたが成功せず、水蛭子が生まれたので流した。次の淡島も子の中に入れなかった。今度は男神が女神を誘い、淡道の穂の狭別島《さわけのしま》などを生んでいった。

二神は国を生み終わってから家屋の神、海や川の神、風、木の神、山や野の神を次々生んでいった。

初期の国生み神話での具体的地名を示し（括弧内は推定地名）、図示する（図2）。

淤能碁呂島
淡島
淡道の穂の狭別島（兵庫県淡路島）
伊予の二名島（伊予国・讃岐国・粟国・土佐国＝四国）
隠伎の三子島（島根県隠岐島）
筑紫島（筑紫国・豊国・肥国・熊曾国＝九州）
伊伎島（長崎県壱岐）
津島（長崎県対馬）
佐度島（新潟県佐渡島）
大倭豊秋津島《おおやまととよあきつしま》（大和を中心とする近畿）

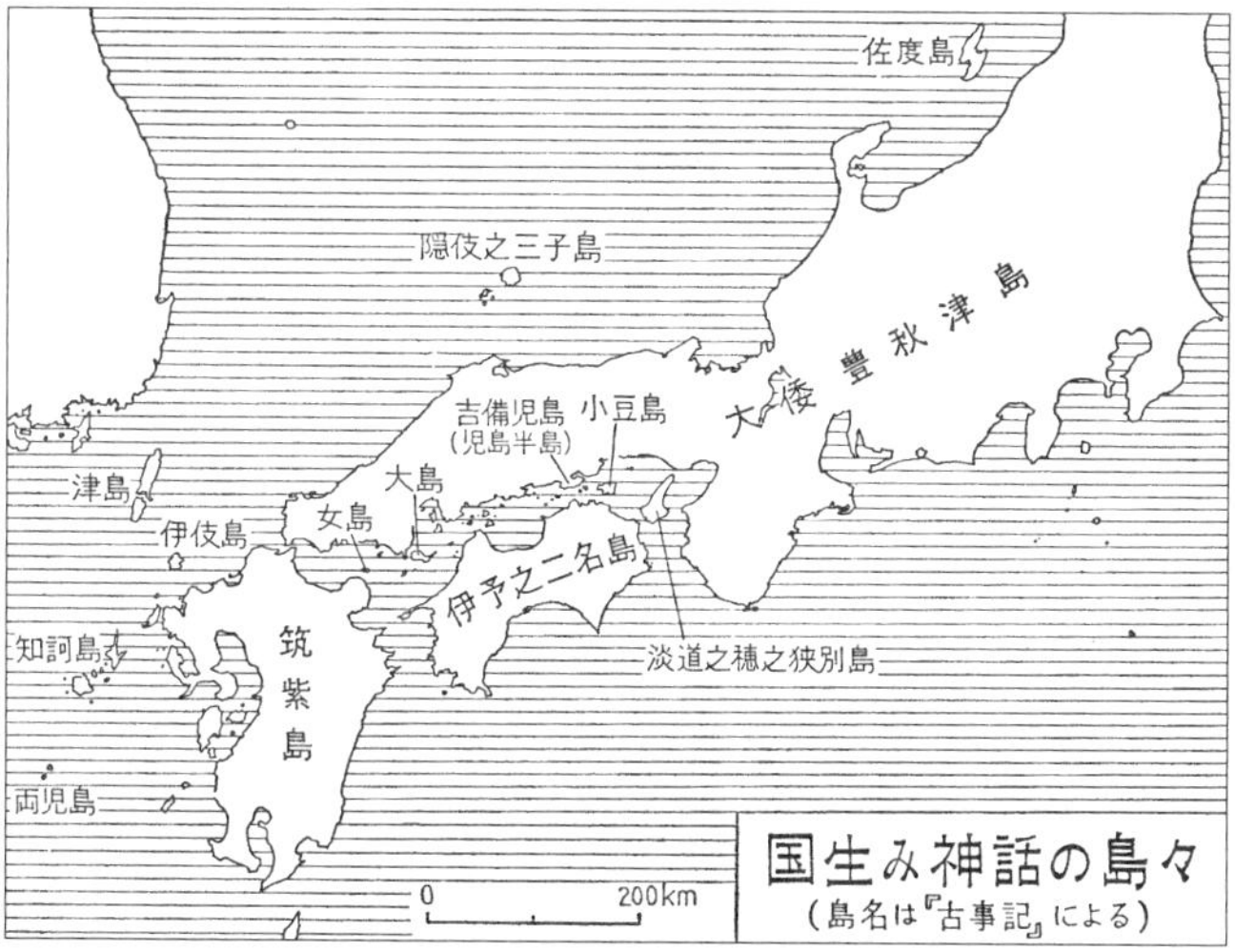

図2　国生み神話の島々

（＊狭別島から豊秋津島までを「大八島」とする）
吉備児島（岡山県児島半島）
小豆島（香川県小豆島）
大島（山口県大島）
女島（大分県姫島）
知訶島（長崎県五島列島）
両児島（長崎県男女群島）
このうち、淤能碁呂島は所在不明である。

ふれられている地名は九州・四国・中国地方中心であり、近畿の関連地は後の大和朝廷の根拠地となった大倭豊秋津島のみである（しかも、初めに生まれていない）。このことは神話の主な活動領域が九州・四国・中国地方であることを示す。逆に言えば、近畿は三地方のあとで開発されていったと見られる。

このことは「記」（上巻）の地名の統計にも現れている（安本美典『邪馬台国と高天の原伝承』）。この中で、西海道（筑前、筑後、豊前、豊後、肥前、肥後、日向、大隈、薩摩、壱岐、対馬）、山陰道（出雲、因幡、丹波、丹後、伯耆、隠岐、但馬、岩見）が圧倒的に多い。神話の舞台が九州と山陰を中心にしているからである。

このうち、神話的色彩を持つ地名（国名）があげられている。
高天原
葦原中国
黄泉の国

水穂国
根の堅州国
夜の食国
常世国
海原

このうち、葦原中国、黄泉の国、根の堅州国について述べ、高天原の細目は後述する。水穂国、夜の食国、常世国、海原は普通名詞に近く、所在は全く不明なので除く。

【葦原中国】

●イヤナギがイヤナミに追われた時、桃の木に助けられたが、その木に向かって、葦原中国において、この世の人々の苦しみを助けなさいと言っている。

●アマテラスが岩屋戸にこもった時、またそこから出て来た時、葦原中国は暗くなり、また明るくなった。岩屋戸と葦原中国は近く、徒歩で降臨している。

●アマテラスは諸神に向かって、葦原中国は吾が子が治める国であると定めている。

●アマテラスは天菩比神を葦原中国に遣わした。そのあとに天若日子を遣わし、その平定を命じている。さらに建御雷神は出雲の国の伊那佐の小浜に降り、大国主命に対して葦原中国を譲るよう尋問している。国に帰り、葦原中国が平定されたと復奏した。そこでアマテラスと高木はオシオミ（忍穂耳）に対して治めるように命じた。しかし、オシオミは子のニニギを推し、ニニギが葦原中国に降臨した。大国主が葦原中国の領有権を持っていたが、数回の使いまたは武力によって国譲りが決定され、ニニギが降臨した。降臨にあたって高天原との距離が近く、舟を使っている記事はない。また、ニニギの降臨地は別の所で「くしふる嶺」とも言っているので、葦原中国は北九州の一部と見る。それまでの経緯から、スサノオの子孫の大国主が領有していたものを武力または政治力によって国譲りさせた。

なお、スサノオはアマテラスの弟であり、大国主はスサノオの娘婿とされるので、説得によったともとれる。また、「中」の意味として、天（高天原）と地（根の国）の中間にあるから「中国」としたともとれる。

【黄泉の国】

- イヤナミは火の神を生んだあと命を失ったので、イヤナギはそのなきがらを出雲の国と伯伎の境の比婆山に葬り、十拳剣《とつかのつるぎ》で火の神を殺した。
- イヤナギはイヤナミに会うため黄泉の国に出かけた。イヤナミは「黄泉津大神」ともいう。「記」に「黄泉の比良坂」は出雲の国の伊賦夜坂であると記されている。
- スサノオは亡き母の国に行ったとするが、のちにスサノオが降臨したのは出雲の国の肥河上流の鳥髪である。

これらのことから、黄泉の国は出雲地域と見られる。

【根の堅州国】

- イヤナギがスサノオに問うと、「私は母の国の根の堅州国に行きたい」と答えている。
- 母の神が大国主に言っていることとして「スサノオの根の堅州国においでなさい」とする。

大国主がスサノオの娘の須世理姫《すせりびめ》とかけおちした時、スサノオはそれを黄泉の比良坂まで追っており、黄泉比良坂は出雲の伊賦夜坂である。これらのことから、出雲地域と見られる。

また、根の国は島根とも通じる。

これらのことから、高天原、葦原中国、黄泉の国、根の堅州国の四つについて、次のように整理する。

高天原－葦原中国

●相互に近く、高天原から徒歩で到達し得る。
●高天原はアマテラスの根拠地であり、葦原中国はニニギの降臨地である。
●水田耕作の適地。
●北九州にある。

黄泉の国－根の堅州国

●相互に近い。
●スサノオの追放地であり、高天原から舟で往来している。
●出雲地方にある。

北九州と出雲地方とは当時の二大文明地であり、相互において対立や戦争があった。特に出雲地方は朝鮮半島の新羅と近く、鉄の先進地であり、荒神谷遺跡などがあり、先進地域であった。近畿についての地名や国がほとんどないのは、アマテラス（ヒメコ）のあとに集中的に開発されたからである。ニギハヤ、神武、応神などがその例である。

国生みは大和朝廷の神々であるイヤナギ、イヤナミ、アマテラスを中心にした神話である。ほかの民族も「記紀」から推定できるが、それらのものがないのは後世支配的となった大和朝廷の民族を中心にして作成したからと見る。ほかの民族の物語もそれに関係する地名もあったはずである。

三　高天原

(a)　アマテラスの拠点地

高天原はアマテラスなどの諸神の拠点地であり、「記」には頻出する。

- 天の安河があり、真名井がある。
- アマテラスが隠れた天の岩屋戸がある。
- 八百万神は天の安河原に集まった。
- 天の安河上から天の堅石を採り、天の金山の鉄を採り、鍛人天津麻羅《かぬちあまつまら》を招いて鏡を作らせた。
- アマテラスが隠れた時、高天原も葦原中国も暗くなった。
- 安河上流の岩屋には伊邪の尾羽張《おはばり》の神がいる。
- 地の底の岩に柱を太く立て、高天原に千木《ちぎ》を高く上げて宮殿を作っている。
- ニニギが降臨する時、天の八衢《やちまた》にいて上は高天原を照らし、下は葦原中国を照らす神がいた。
- 絹生産を実施している。

これらから、高天原についての事項として次のことが言える。

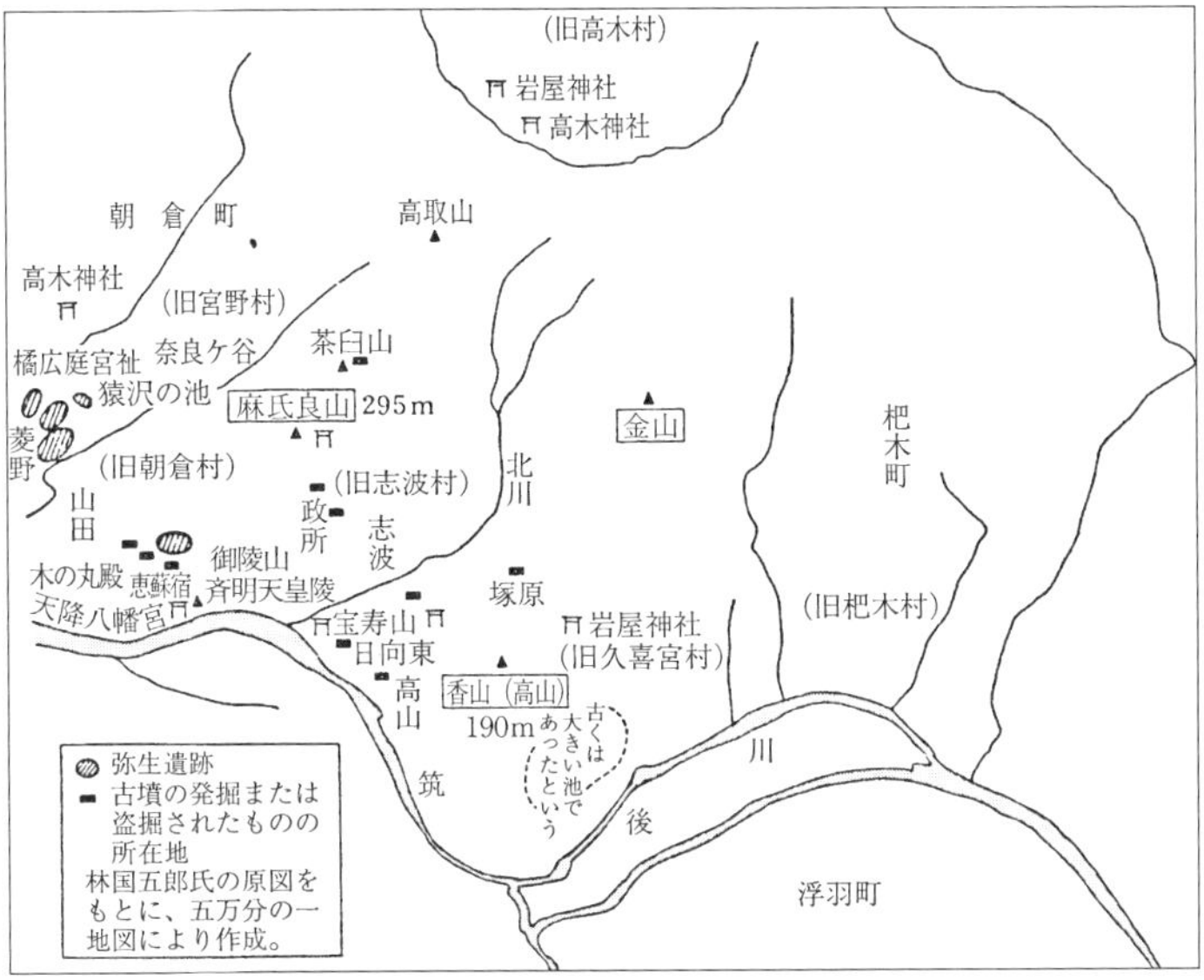

図3　旧甘木市付近の史跡（出典：安本美典『邪馬台国と高天の原伝承――「邪馬台国＝高天の原」史実は国内で神話化した』）

●天の安河が流れている。

●田があり、畔があり、真名井がある。水田の適地である。

●祭殿がある。

●天の岩屋戸がある。

●堅い石を採る所や鉄（金山の鉄）を採る所があった。

●海はなく、内陸の地である。

●葦原中国とは近く、徒歩で到達し得る。くじふる峰も近い。

●絹生産をしている。

天の安河の「安」は「夜須」と同音であり、甘木・朝倉地方の小石原川はかつて夜須川と呼ばれ、安河と書かれたこともある。旧甘木市付近を見ると（図3）、アマテラスが領有したと見られる筑後川に近く、安川が流れ、岩屋神社、金山、香山（高山）、高木神社、宮殿跡がある。神話にふれている地名が集中してある。北方には大己貴神社もある。

また奈良地方との類似地名が多いのは、ここから近畿に移住したためである。

のちの時代の神功皇后（仲哀天皇の皇后）は熊襲征伐をしている。「紀」は述べる。

「荷持田村に羽白熊鷲という者があり、その人となりは強健で翼があり、よく高く飛ぶことができる。皇命に従わずに常に人民を掠めている。十七日に皇后は熊鷲を討とうとして、香椎宮から松峡宮に移られた。その時つむじ風がにわかに吹いて御笠が吹き飛ばされた。時の人はそこを名づけて御笠といった。

二十日層々岐野に行き、兵をあげて羽白熊鷲を殺した。そばの人に『熊鷲を取って心安らかになった』と言われた。それでそこを名づけて安という」

のちの神功の伝説の地名が記録できるのは当時、アマテラス時代の地名が残っていたからであり、神功はその聖地を犯す熊鷲を征伐した。熊鷲の民族上の性格は不確かである。しかし、ここに出る荷持田、香椎宮、松峡宮、御笠、安は朝倉・甘木地方に比定できる。

安は夜須川（小石原川）の夜須である。安は平安の意味で、「紀」（神代記）には昔イヤナギが日本の国のことを浦安と呼んだとする記事がある。「夜須美斯志《やすみしし》」はわが大君にかかる枕言葉である。また、安殿は宮殿を意味した。

当時の集落の一つと見られる平塚・川添遺跡のほぼ真北に松峡宮がある。その距離は約六キロで徒歩で行け、松峡宮のそばに大己貴神社がある。アマテラスとの関連神社である。

大己貴神については「紀」によるとアマテラスとの関係が深い。
●アマテラスは松峡宮や大己貴神社で天神を祭ったと見られる。高天原の北にあり、徒歩で到達できた。奥社と見られる。
●大国主神は大物主神とも国作大己貴命ともいう。

●大己貴神はほかの命と力を合わせ、天下を造られた。人民と家畜のために病気治療の方法を定めた。

●大己貴神は三諸山に幸魂・奇魂を住まわせたが、それが大三輪の神とされる。

朝倉・甘木地方には三輪があり、大己貴神とも関係が深く、北方民族とのつながりが指摘されている（富田徹郎『卑弥呼の幻像』）。

三輪は、二世紀頃に入ってきた北方騎馬民族の言葉である。ツングース語に、神を祭る場所、聖地としての「ＭＩＹＯＯ」がある。これが列島に入り、三輪となった。この言葉とその神社の伝来として、西から東への動きと甘木地区の三輪の成立が推定できる。

対馬の南岸に「豆酘《つつ》」があり、三輪山祭祀の原型となったものが龍良山のふもとの高御魂神社である。これが九州に上陸して三輪の大己貴神社になった。アマテラスが神を祭り、神功皇后が刀と矛を奉納している。

吉備の総社市に三輪がある。奈良には三輪神社があり、背後に三輪山がある。

朝倉・甘木と奈良の三輪近隣には、次のように類似地名が集中している。

朝倉甘木地方……三輪、長谷、小田、加美、朝倉、三井

奈　良　地　方……三輪、長谷、織田、朝倉、三井

北九州の人が奈良に移住し、故地の地名をつけたからである。

(b)　高天原畿内説への疑問

高天原（考古学上では邪馬台国）は北九州にあり、畿内になかった。その理由をあげる。

●高天原が畿内にあったとすれば、神武や応神はまず畿内に降臨し、そこから東征して大和に移ったこ

とになり、あり得ない。

- 同様のことが神武以前のニギハヤにも言える。ニギハヤの東征はきわめて不自然となり、その否定をしなければならない。
- 水田耕作、鉄、絹、鏡などは西から東への動きが明らかである。
- 「記紀」の高天原の記事は北九州になければあらゆる点で説明できない。
- 高天原と出雲とは船で往来しているととれる部分があり、高天原＝近畿とするとあり得ない伝承になる。
- 九州は朝鮮や中国に近く、民族の移住、先進文化の伝来、外国との通商などについて、近畿より有利である。
- 北九州と畿内には類似の地名が多い。北九州の人が近畿に移住して故地の地名をつけたからであり、その逆でない。
- アマテラスに係る地名が北九州に比定できる。その状況についても神話を推定し得る。近畿にはこうした地名がない。
- さらに、アマテラスとヒメコとは強い関連があり、ヒメコに係る地名が北九州に集中している。近畿には関連地名がない。アマテラスまたはヒメコより後の時代に開発されていったからである。

四　三種の神器

神話には各種の道具、器具が示され、主なものとして、刀、玉、鏡、絹などがある。それらは弥生期のものであるだけでなく、考古学上の出土は北九州が圧倒的に多く、三雲・井原・平原・吉武高木などの各遺跡がある。

(a)　刀

刀については、鉄刀、鉄剣、鉄矛、鉄戈などがある。「記」においてもその使用頻度はきわめて多く、具体的用語として、天の沼矛、矛、十拳剣、御刀、草那芸の大刀、生大刀、大刀、十掬剣、紐大刀などがある。

弥生時代の刀の出土について福岡県と奈良県とを比較してみる（安本・前掲書）。

	〈福岡県〉	〈奈良県〉
鉄刀	一七本	〇本
鉄剣	四六本	一本
鉄矛	七本	〇本
鉄戈	一六本	〇本
刀子	二一〇個	〇個

福岡県が圧倒的な出土数を示し、奈良県はほとんどない。奈良県は当初未開発地であり、神話のもとになる伝承が少なかったからである。さらに、矛をはじめとする銅製器具の分布も北九州に集中している。

(b)　玉

玉として、勾玉、真珠、白珠などがあり、「記」において御頸玉、美須麻流《みすまる》の珠、赤玉、白玉などがある。考古学上の分類として、硬玉製勾玉、ガラス製勾玉、ガラス製管玉、ガラス製小玉、ガラス製璧、ガラス製玉鋳型とすると、福岡県、佐賀県、長崎県などから圧倒的に出土している。ガラス製品を出土した遺跡も北九州に集中している。

弥生時代の硬玉製勾玉、ガラス製勾玉の出土例は福岡県二十二例に対し、奈良県は無しである。同様に、主要なガラス製勾玉遺跡出土数は福岡県八例、奈良県一例である。

(c) 鏡

よく話題になる三角縁神獣鏡は四世紀の墳墓から出土するもので、奈良県から百個ほど出土している。しかし、アマテラス（ヒメコ）の時代はあらゆる点から弥生期の二、三世紀であり、その具体的なものは十種の魏晋鏡である。これについては福岡県は奈良県より二十倍の出土があり、鉄刀や鉄剣などと同様の傾向を示す。

神話のもとになった史実は北九州でのことを反映している。近畿のものは後代のもので国産であり、「倭人伝」の鏡とは異なるものである。

(d) 鉄鏃

弥生時代の鉄鏃の出土は、福岡県は奈良県のおよそ百倍である。九州内では福岡県、熊本県、大分県の出土が多い。これは九州内でのヤマト国や狗奴国との対立、戦争を反映している。

(e) 鉄器製造

鉄器製造にふれているのは、「記」では「天の安の河の河上の天の堅石を取り、天金山の鉄を取りて、鍛人天津麻羅を求きて……」とある。このほか、刀、矛などにふれているので、鉄製造があった。

そして、この鉄器は常に西から東へと普及し、その遺跡も西日本が圧倒的に多い。


結論として、次のことが言える。

弥生期において、三雲・井原・平原の各遺跡などからは刀、玉、鏡が合わせて出土している。反面、「近畿・瀬戸内に墳墓の副葬品として鏡、剣、玉などが出現するのは、古墳時代初頭期に入ってからである」（奥野正男『邪馬台国紀行』）。鏡、玉、鉄製工具などを副葬する習慣が九州北部から近畿へと広まったと言える。しかし、それが国全体の東遷を示すものでなく、はっきりしていることは技術や文化の移動である。これに絹の出土を合わせると、弥生時代に絹を出土している所は福岡、佐賀、長崎に集中している。つまり、刀、玉、鏡、絹を見ると北九州が先行している。

五　平塚・川添遺跡

高天原の考古学上の比定地の一つとして平塚・川添遺跡がある。朝倉・甘木地区の夜須川（小石原川）近くにある弥生時代後期の大環濠集落跡である。六重（場所によって七重）の環濠を持ち、一番内側は中規模集落を囲んでいる。外側の環濠は規模から見てほかの集落を含めて取り囲み、ヤマト国と同時期に強固な防衛体制をとっていた。

環濠は内側の第一環濠が長さ七五〇メートル、最大幅一五メートル、深さは最深部で一・八メートルの

平塚・川添遺跡

大規模なものであり、楕円形に集落をとりまく。西側に四、五メートルの間隔で第二から第五までの外環濠が確認されている。

第一環濠の内側は南北約三〇〇メートル、東西約一五〇メートルで三・六ヘクタールほどあり、三百軒を超える竪穴住居や井戸があり、住居跡から銅鏃や銅矛も見つかり、甕棺墓も十基以上あり、集落内では青銅製の仿製鏡が計七点出土している。

第一環濠の南西部には中洲があり、そこから二つの物見櫓と見られる柱穴と柱根が見つかった。また、中洲と集落を結ぶ橋と見られる木製の橋脚八本がある。

周辺の山陵中腹にはのろし台を持つ高地性集落があり、同台地上からも環濠集落が確認されている。

一帯が当時あった国の中心部であり、「記」の伝承はそれらのことを反映している。

アマテラス神話は史実でない。しかし、それは史実を伝承したもので、遺跡はその活動を実証するものの一つである。九州にはそれらのものが多い。

第二章

卑弥呼女王国

一　アマテラスは卑弥呼である

「記紀」に述べられるアマテラスと『魏志倭人伝』（以下「倭人伝」と略す）における卑弥呼は同一人物と見られる。アマテラス神話は卑弥呼の活動をもとにして後世伝承化されたものであろう。その理由を述べる。

(a)　両者の活躍年代の一致

アマテラスの活動年代を推定するために、まず神武天皇の即位年について見る。

第三十一代の用明天皇の即位年は五八五年であり、古代の天皇の平均在位年数を約十年としてさかのぼると、五八五－一〇×三〇＝二八五で、二八五年。

また、二十一代の雄略天皇の即位年は「紀」によると四五六年であるので、同様にさかのぼると、四五六－一〇×二〇＝二五六で、二五六年。

つまり、神武天皇については二五六〜二八五年頃に即位し、活動したと推定される。実在については「記紀」の記録を否定できない。

それ以前の王（五代……ウガヤフキアエズ－ホホデミ－ニニギ－ニホミ－アマテラス）を同様に五十年

としてさかのぼると、アマテラスの活動年代は三世紀前半になる。

アマテラス時代の特徴として「記紀」から次のことがわかる。

●平和で牧歌的である。
●水田耕作を実施している。
●天の金山があり、鉄剣などの鋳造が推定され、具体的器具として、鉄剣、鉄矛、鏃などの記事がある。
●織女が絹織物の機織りをしている。
●鏡を多用している。
●ガラス玉の取得をしている。

一方、卑弥呼の活動年代として、女王の推定即位年は二〇一年であり、魏に朝貢したのが二三九年であり、活動年代は三世紀の前半である。その女王国の状況として、「倭人伝」には次のように記されている。

●鉄器製造があり、兵器として矛、剣、刀を用いている。
●鏡を魏より受け、王の権威づけに利用している。
●真珠や青玉を生産している。
●稲作を実施している。
●養蚕をしており、織物を生産している。
●女王の擁立により、三世紀初め戦いがしばらくなく、平和な時代であった。

これらの状況は同時期であるだけでなく、状況がきわめて類似している。

(b)　両者は首長であり、女性権力者である。

当時において女性の首長は珍しく、アマテラスは高天原を統治した女性であり、皇室の祖神である。その権力は「記」に「左の御目を洗ひたまふ時に成れる神の名は天照大御神」とあるように、絶対的な神であるだけでなく土地を領している。またイヤナギにより「汝、命、高天原を知らせ」と命じられている。活動にも人格が与えられている。

卑弥呼は当時北九州にあった連合国の女王である。

(c)　宗教的権威者であった。

アマテラスはそれ以前の神と比べてきわめて具体的であり、人格を与えられ実在したと見られる。弟があり、高天原に住み、人々の中心的存在であり、太陽神を祭る者であった。太陽は全ての生命の源泉であり、人々の生存、豊作などを左右する最大のものであり、それを祭る人も至上のものである。

卑弥呼は「倭人伝」によれば「鬼道を事とし、能く衆を惑わす」とする。「鬼」には、死者の霊魂、不思議な力を持つもの、もののけなどの意味がある。卑弥呼は祖霊を降霊させ、霊は巫女である卑弥呼に乗り移り、その口を通じて託宣を伝える。言い方を変えるとシャーマンであり、神がかり的所作によって予言（作物の豊凶、病気の原因、戦争の行方など）や霊の意志を伝えた。

二人について言い方は違っていても、卑弥呼は鬼道を祭り、神がかりとなり、おそるべき力を伝えた。アマテラスは日の神（太陽信仰の神）で巫女王ととれる。両者の違いは大きいものでない。きわめて似ている。

(d)　共に弟（または男）がいて治世を助けた。
卑弥呼の場合、「男弟有り佐けて国を治む」とあり、アマテラスは「記紀」によると月読命がおり、別の部分では高木神がいる。すなわち、両者には補佐する男があった。

(e)　両者とも夫を持たなかった。
卑弥呼の場合「年已に長大なるも夫婿なし」とし、アマテラスにも夫の記録がない。

(f)　両者とも戦う相手があった。
卑弥呼の場合「狗奴王の男王卑弥弓呼ともとより和せず」とあり、死後には女王国と狗奴国との戦いになった。アマテラスについてはスサノオという仲の悪い相手がいた。スサノオは「天照大御神の営田の畔を離ち、その溝を埋める」など絶対許すことのできないことをしている。また、降臨にあたってスサノオの子孫の大国主命とも葦原中国の支配権をめぐって対立している。その対立は政治的なものにとどまらずに戦争に至っていたことも類似している。

(g)　鏡を政治的権威づけに用いた。
卑弥呼は二三九年、魏より銅鏡百枚を受けた。アマテラスは「記」によればニニギに対して八咫《やた》の鏡を与えて「吾が前を拝つくごとくせよ」とし、鏡を政治的権威づけに利用している。

神は常に天上からこの世界を見ている。しかし、時には器に張った水にその姿を見せるとされ、鏡についても同様な機能があり神聖視され、祭り事に利用された。

（h）　死後のことが似ている。
卑弥呼のあと国が乱れ、はじめ男王を立てたが国中が服さなかった。そこでやむをえず同族の宗女の壱与（または台与）を立てて王とすると国中が治まった。しかし、そのあと狗奴国との対立が生じた。

アマテラスの場合、スサノオの乱行によって岩屋戸にこもった（死んだ）ため、高天原は真暗になった。高天原は乱れたが、後継の女性が国を承継すると国が治まった。これを二代目のアマテラス（壱与）とすると、「倭人伝」と神話は対応する。

その後の行動について、壱与は十三歳で即位したが補佐なくして政治がとれない。岩屋戸後のアマテラスは単独で命令したり、行動することがなく、諸神の意見を聞いて行動している。別人が政治を執ったようにとれ、「倭人伝」の記事に類似する。

（i）　両者の役割が一致する。
卑弥呼の連合国の創始者という性格と、アマテラスの大和朝廷の皇祖神という役割は完全に一致する（富田徹郎『卑弥呼の幻像』）。

「倭人伝」では卑弥呼は連合国の女王であり、初代王であり、アマテラスは出雲征討、天孫降臨の指示者であり、皇室の祖神であり、高天原の初めての統治者である。

（j）　活動地は北九州。
アマテラスの拠点地を北九州とできる。卑弥呼は「倭人伝」により北九州に比定でき、関連する地名も数多く現存する。一方、近畿にはアマテラス神話を裏付けるものがない。

以上の点より、アマテラスは卑弥呼の活動を伝承化した存在と言える。時代も同時期であり、活動地も同一地域と見られる。

二　女王国の所在地

卑弥呼女王国は北九州にあった。

「倭人伝」から抽出する。

「帯方郡よりあるいは南、あるいは東へと進み、倭の北岸にあたる狗邪韓国に到着する。

ここまでが七千余里である。

一海を渡ること千余里で対馬国に到着する。広さ四百余里四方である。

南に一海を渡ること千余里で一支国に到着する。広さ三百里四方である。

一海を渡ること千余里で末盧国に至る。

東南に陸行すること五百里で伊都国に至る。

これから先は東南奴国に至るのに百里、同じく東不弥国に至るのに百里。

また南の投馬国に至るのに水行二十日、また南の邪馬台国に至るのに水行十日、陸行一月、ここが女王の都するところである。

帯方郡より女王国までを総計すると一万二千余里になる」

ここで対馬国と一支国については四百余里四方、三百里四方とされるので総行程については二倍し、伊都～奴国の百里は重複するので全体行程から除くと、次の行程略表が得られる（古田武彦『日本古代新史』）。なお、「余」の意味は「あまり」であり「以上」でない。水行十日、陸行一月は総行程であり、合わせて四十日ととる。

〈地名〉	〈距離〉
帯方郡～狗邪韓国	七〇〇〇
対馬国	一〇〇〇　四〇〇＋四〇〇
一支国	一〇〇〇　三〇〇＋三〇〇
末盧国	一〇〇〇
伊都国	五〇〇
不弥国	一〇〇

帯方郡～邪馬台国　（計）一万二千余里（総行程）
水行十日、陸行一月（総行程）

当時（魏）の里は長里でなく、短里であり、『三国志』より推定し、一里＝約七五メートルとする。なお、谷本茂は『周髀算経』から七六～七七メートルとする。また、末盧国（唐津）と伊都国（前原）については約三万二〇〇〇メートルであり、五〇〇（里）で除すと六四メートルである。

この長さをもとにすると、

〇・〇七五×一二〇〇〇＝九〇〇（キロメートル）

邪馬台国は北九州にあったことが示される。

より大きくとらえて帯方郡から邪馬台国まで一万二千余里、末盧国まで一万余里なので、邪馬台国は一万二千里から一万里の間にあることになり、北九州にあったことがわかる。

また『新唐書』では京師より一万四千余里とあり、同様なことが言える。

帯方郡からの距離および方向から見て女王国は北九州にあり、近畿にはなかった。

また、「倭人伝」では女王国の北部に伊都国があった。伊都国は現在の福岡県糸島に比定され、その南、女王国の有力地は甘木地方周辺または福岡市周辺である。いずれにしても北九州にあった。

三　北九州の国々

1　史料からの倭国

古代の倭国および倭人について述べたものは多い。
「東夷は天性柔順にして、三方の外を異にしているために、孔子はもし道が行われなければ、いかだを設け海を渡って九夷に行こうと嘆息したほどである。夫れ楽浪海中に倭人あり。百余国に分かれ、歳時をもって献見に来すという」（『漢書』）
「倭人は帯方の東南海の中にあり、山島に依りて国邑をなす。旧百余国、漢の時、朝見する者あり、今、使訳通ずる所三十国」（「倭人伝」）
「建武中元二（光武帝、五七年）年、倭の奴国が貢を献じて朝貢した。倭人はみずから太夫と称した。

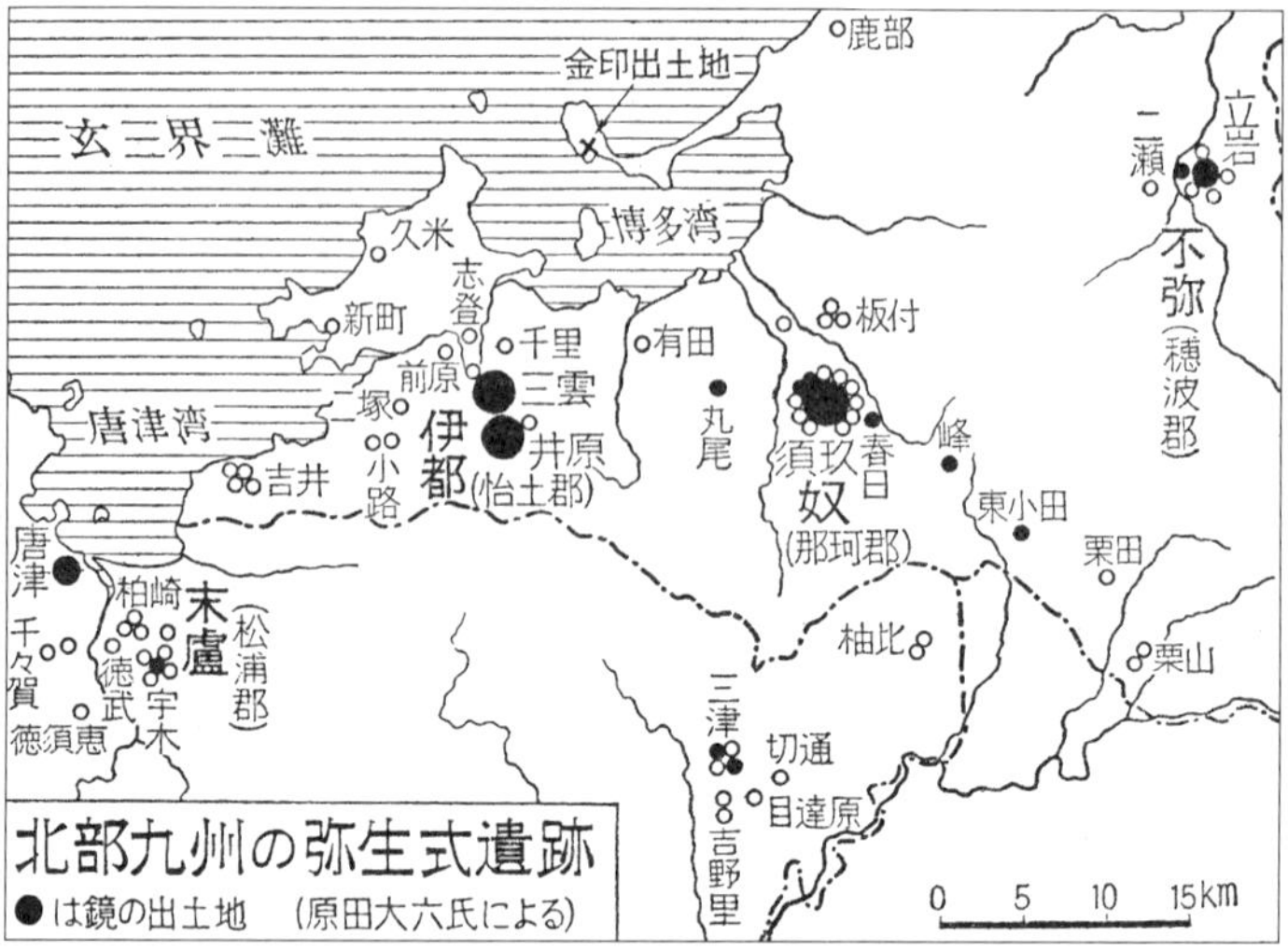

図4　北部九州の弥生式遺跡（原田大六氏による）

倭国の極南界である。光武帝は印授を賜うた」（『後漢書』）

「安帝の永初二（一〇七）年、倭の国王帥升らが生口百六十人を献じ、諸見を願うた」（『後漢書』）

「その国、本また男子をもって王となし住まること七、八十年、倭国乱れ、相攻伐すること歴年、乃ち一女子を立てて王となす。名づけて卑弥呼という」（「倭人伝」）

次のことがわかる。

- 前一世紀頃から漢王朝に朝貢する倭の国々があり、百余国に分かれていた。
- 一～二世紀に北部九州に奴国などの国があり、奴国は後漢王朝に朝貢して王として承認された。
- 二世紀末、倭国に大乱があった。
- 三世紀初、卑弥呼女王国が成立した。約三十カ国の連合国である。

これらに関係する一支国、末盧国、伊都国、奴国などを見る。参考図を示す（図4）。

2　一支国

「また南に渡ること千余里で一支国に到着する。この海を瀚海《かんかい》という。この国の大官もまた卑狗、次官は卑奴母離という。広さ三百余里四方ばかり、竹木叢林が多く、三千ばかりの家がある。ここはやや田地があるが、水田を耕しても食料には足らず、やはり南や北と交易して暮らしている」(「倭人伝」)

一支国は現在の壱岐島である。その現在の地勢は東西が一五キロ、南北が一七キロ、面積が一三九平方キロほどである。

大きな遺跡として原の辻遺跡とカラカミ遺跡がある。

(a)　原の辻遺跡

貨泉という貨幣が発見されている。王莽の新の国の鋳造であり、南北交易の証拠となる。

鉄素材が出土。弥生時代のものとされ、鍬、鋤、鎌などの農具をはじめ、ヤリガンナ、手斧、刀子などの工具、釣り針、ヤス、矢じりなどの基本的鉄製品が出土している。完成品もあるが、ほとんど半島から輸入した地金をたたき、折り曲げて加工したと見られる鍛造品である。地金を加熱し、たたき上げ、加熱鍛打を繰り返し、鍬や鋤の先につけるものが作られていた。

中国式銅剣が出土している。鏡として前漢、後漢の内行花文昭明鏡、規矩獣帯鏡、長宜子孫内行花文鏡が出る。

壱岐島最大級の水田農業遺跡があり、大がかりな船着き場も発見されている。

(b)　卜骨、卜甲の出土

原の辻遺跡から出土する鹿や猪の肩甲骨を焼いて火ばしの先にあてると焼きヒビが入る。このヒビの形で吉凶を占う。これが卜骨である。これに対して卜甲は亀の甲羅を使ったものである。これらの卜骨と卜甲が出土する。

(c)　通商の拠点

南北の通商の拠点であった。大陸と列島を往来する商人や使節は必ず一支国に立ち寄り、風待ちや潮待ちをした。

こうした通商を実施する貿易商人や現地住民が中心となって国が成立していった。航海民と原住民からの通商国家であり、そこでの重要産品は鉄の鍛造品であった。

3　末盧国

「また一海を渡ること千余里で末盧国に到着する。四千余戸があり、山裾や海浜に沿うて住んでいる。草木が茂り、道を行くのに前の人が見えないくらいである。人々は魚やあわびを捕るのが得意で、海中に深浅となく潜り、これを取って業とする」(「倭人伝」)

末盧国は今の唐津市を中心とする地域である。松浦川の東の方から入ってくる半田川、その支流が宇木川となっていて、これらで形成された低地の部分が主要な生産地帯になっていた。

(a)　菜畑遺跡

松浦杵島丘陵の東のはずれで水田を開きやすい扇状地にある。弥生前期から末期までのものがある。朝鮮半島から弥生文化をもたらした人々が壱岐を経て唐津平野に住みつき、農耕を発展させた。

弥生時代末期、水田には用水路を引き、矢板と杭で土止めをしたもので、水田の一枚は小規模である。

また遺跡からは稲の穂を刈る石包丁が出ている。

(b)　支石墓

唐津平野の各地から、首長やその一族を葬るため巨石を墓石のように用いた支石墓が多く出土している。森田遺跡からは十六基、瀬戸口遺跡からは十四基出ている。その時代は奴国が後漢に朝貢する以前のもので、中国東北部が起源とされる。

(c)　青銅器

北九州の青銅器には次の三期があり（小田富士雄『倭国を掘る』）、それぞれの期からの出土がある。

一期（前期末～中期前半）　北部九州に初めて青銅器が輸入された段階であり、実用的な細形剣、矛、戈などの武器、鈕文鏡などの朝鮮製青銅器である。宇木汲田《うきくんでん》遺跡が代表的である。

二期（中期中～後半）　前漢鏡、釧や朝鮮系武器など中国朝鮮系青銅器である。庶民用の墓に多く出土する。

三期（後期初～中頃）　国産青銅器が見られる。前原市井原、唐津市の桜馬場などがある。

4　伊都国

所在地は糸島郡と前原市を中心とする地域である。東に奴国、西に末盧国と接していた。広い平野があり、西は南奥に雷山、東に高祖山があり、北側には柑子岳、可也山《かやさん》が突出して東の博多湾と西の唐津湾に分けている。

ここは律令時代の怡土郡と志摩郡に相当する地域である。怡土郡には東寄りに瑞梅寺川《ずいばいじ》、西側に雷山川《らいざん》が流れる。

伊都国についての「倭人伝」の記録は独特なものがある。

●官を爾支といい、副官に泄謨觚と柄渠觚の二つの官職があった。

●帯方郡の郡使の往来する時、常に駐まる所であった。

●大率（または一大率）が置かれていた。

(a) 大率

伊都国に置かれ、女王国の北にあり、諸国を検察したとする。

●伊都国に常駐した。

●その性格は中国における刺使のようなものであった。

●具体的役割として、女王が外国に遣使したり、帯方郡使が派遣された時、港に臨んで点検し、文書や賜物を女王のもとに伝送した。

大率を派遣したものは女王国であって魏でないと見る。女王国の外交窓口である。

女王国は諸国の連合国であり、各国は独自の官名を持ち、自由な内政をしていたが、外交についてはまとめて一元的に実施した。その外交窓口が大率であった。

(b) 三雲遺跡（前原市）

伊都国の中心地と見られ、広い地域に多くの集落や墓地が関わりを持って散在している。

十九世紀初め、三雲南小路の一角から甕棺墓が掘り出され、その内外から前漢鏡三十五個、銅剣一本、銅矛二本、ガラス勾玉三個、ガラス管玉多数が発見された。

(c)　平原遺跡

墓の四方に溝をめぐらした長さ一八メートル、幅一四メートルの広大な方形周溝墓が発見され、周りから四十二個もの銅鏡が出土した。

(d)　今山遺跡

糸島半島の東側小丘陵にあり、石器製造跡である。玄武岩を使用した石斧が出土し、今山式石斧と呼ばれる。木材の伐採用に用いられていた。代表的なものは一キロを超える大形蛤歯石斧である。

(e)　伊都国の盛衰

三世紀以前の倭国のことを記したものとして、

①　五七年、倭の奴国奉賀朝貢す。

②　一〇七年、倭の国王帥升らが生口百六十人を献じ、諸見を願った。

②については、中国の歴史書に異動があり、「倭面上国王帥升」(『翰苑』)、「倭面土国王帥升」(北宋版『通典』)があり、それぞれについて伊都国王ととれば、伊都国王らの連合体が共同して中国へ使いをしていたと見られる。この説によれば、十世紀頃に奴国から伊都国へ盟主国が移動していた。その時代の伊都国王の墓として井原遺跡が推定されている。

5　奴国

「これから先は東南、奴国に至るのに百里、長官を兕馬觚、次官を卑奴母離という。二万余戸がある」（「倭人伝」）

奴国の位置について福岡市、春日市とその周辺を含む福岡平野一帯であると見る。

その国について三つの地域に大きく分けられる。王都地区、博多沿岸地区、稲作地区である。

(a)　王都地区

王のいる地区は福岡平野の南部の春日市周辺である。王都をこの地区と見るのは福岡平野の中で最多の弥生遺跡が出土するためである。

①須玖岡本遺跡

春日市岡本にある。春日丘陵の北端に位置する。

一八九九年、この地にあった長さ三・五メートル、幅一・八メートルほどの大石を動かしたところ、その下から多数の遺物が発見された。大石の下には合せ口甕棺が埋められていた。発見された主な副葬品として、前漢鏡三十数面、細形・中細形銅剣、銅戈、銅矛八本以上、ガラス璧、ガラス勾玉がある。

一九二九年の京都大学の調査では、甕棺墓十一基を発掘。

一九六二年、福岡県教育委員会の調査で、甕棺墓十九基、土壙墓三基を検出。

一九八六～八七年の春日市教育委員会の手により、甕棺墓二十五基、土壙墓五基を発見。

春日丘陵ではすでに千以上の甕棺が出ているが、副葬品を持つものはこの地区に集中しており、この地が奴国王の居住地であったことを示す。

②岡本遺跡

春日市岡本にある。

一九七九～八〇年の春日市教育委員会の発掘では、甕棺墓一三〇基、木棺墓、土棺墓九基、住居跡九軒が出土、奴国王の王族のものと見られる。

③須玖永田遺跡

弥生後期の溝や遺構内から小型仿製鏡鋳型等、鋳造関係の遺物が発見された。青銅器工房跡と見られる。

④須玖五反田遺跡

弥生時代後期のガラス工房跡である。竪穴式住居跡から勾玉の鋳型と未製品、るつぼ、ガラスを磨いた砥石がまとまって出土した。

⑤須玖唐梨遺跡

建物跡から青銅器生産に関係した鋳製片や銅滓が出土。

⑥赤井手遺跡

弥生時代中期～古墳時代の住居跡群を中心とする遺跡である。

このほか、大南遺跡、大谷遺跡がある。

これらの遺跡について南北二キロの王都は北部、中部、南部の各地域ごとに異なる機能を持っていた。

〈北部地区〉

須玖永田遺跡、須玖五反田遺跡があり、青銅器工房、ガラス工房などがあり、最新の工業技術による兵器、祭器、宝飾品などの生産を実施していた。国営による工房が秘密のうちに実施されていた。

〈中部地区〉

岡本遺跡がある。この地区の機能は王の官室地区、王族の居住地域、王墓地域である。

〈南部地区〉

大南遺跡、大谷遺跡がある。王都地区で働く一般の人々の居住地区である。単に居住するだけでなく、生活に必要な土器、鉄製器具もこの地区で生産していた。

(b)　博多沿岸地域

野方・有田・飯倉の三地区には奴国の見張所、兵の配備された集落があり、常時監視がなされていた。沿岸の最大の港は那珂川河口にある。倭国諸国や海外からの貿易船はここに入港し、物資は那珂川をさかのぼって春日丘陵の王都へ運ばれていた。

(c)　稲作地区

福岡平野の全域にあった。代表的なものとして板付遺跡がある。

(d)　奴国の繁栄

①拠点地

奴国の拠点地区は須玖岡本である。

那珂川は氾濫を繰り返し、その流域には栄養分が豊かにあり、水利にも恵まれていたので稲作の適地になった。その例として板付遺跡や須玖岡本があった。その豊かな経済力をもとにして国が成立していった。

②金印の目的

最初の国として中国史料に出てくるのが奴国である。一世紀に奴国の王が後漢に使者を送り、光武帝から「漢委奴国王」印の金印を受けている。この金印は一七八四年に、博多湾の入口に位置する志賀島から百姓の甚兵衛によって偶然発見された。

その意味は漢の皇帝のことを委《まか》せた奴国王ということである。奴国を承認し、逆に奴国は漢の力を利用して自国の力を高めようとするものであった。

金印を受ける目的は二つあった。奴国は漢によって周りの国々に自国を認めてもらうことによって政治的な力を高め、将来の統一国家をも視野に入れていた。当時の国々は見張台を置き、環濠を築いて対立していたが、その国々での政治的力を外交面から高めようとした。

二番目は鉄の独占である。当時の鉄は最新技術で兵器になり、稲作の農具として最適なものであった。朝鮮は馬韓、弁韓、辰韓に分かれていたが、その中でも弁韓の鉄はよく知られ、その鉄の通商の独占を漢との国交によってはかろうとした。

③生産構造

こうした鉄の通商によって独自の生産構造を築いていた。

現在の日本最古の鉄器は縄文時代後期の二丈町曲り田遺跡からの鍛鉄製の板状鉄斧である。これに対して鋳鉄製のものは山口県豊浦町山の神遺跡からの鋤先である。

須玖岡本遺跡群の赤井手遺跡からは、袋式鉄斧の製作工程を示す中間製品が出土している。板状素材の上部の両端を延ばし、内側に曲げ、木製の柄をさしこむ袋部を作っている。また、板状素材からは板状鉄斧そのものも作っている。

須玖岡本遺跡群からは弥生時代中期頃から小鍛冶を営む鉄器工房が現れる。鉄器工房跡として赤井手遺跡、仁王手遺跡がある。

赤井手遺跡は諸岡川に面する斜面にある。住居跡からは壁面および周辺に甚だしい焼跡があり、多数の鉄片が散在し、出土の鉄片は鉄素材、鉄製未製品、製品である。土壙からは孤状の鉄素材、鉄鏃の未製品、鉄斧の未製品が出土した。特に短冊型鉄斧の未製品には袋部の折返しの段階で刃入れしておらず、加熱鍛打する際の木炭が付着したものがある。

仁王手遺跡の住居跡の土壙からは著しい焼痕と木炭とともに、多量な鉄片が検出された（春日市教育委員会「須玖岡本遺跡」）。

王室を中心とする半径一キロ以内の周辺には、青銅器の生産活動の遺跡が多い。大谷、赤井手、岡本四丁目、唐梨などでは青銅武器、銅鐸、鏡などの石製鋳型や、銅矛用の土製中子、銅滓などが多く発見されている。後期中頃を過ぎると、祭祀の中心を占める銅矛は須玖岡本でほとんど専業生産され、中国・四国地方、朝鮮まで搬出されていた。曰佐原、赤井手、五反田遺跡ではガラス製品が作られた。

これらの生産工房の大規模なものは奴国の官営工場とされ、北九州諸国連合の祭器生産と配布をも管掌していたと見られる。

こうした大きな経済力を支えた背景として次のことがあげられる。

- 早期の稲作導入とそれに適した農地と水利が確保できたこと。
- 青銅器、ガラス、鉄器の生産。
- 漢帝国の強力なバックアップ。
- 交易に適した港があること。

●朝鮮半島および中国に近いこと。

④奴国の階層

「倭人伝」には、王－大人－下戸－奴婢の階層が存在したと記されているが、須玖岡本の発掘をもとにすると、前一世紀の奴国では王墓－王族墓（大人クラス）－庶民墓（下戸クラス）があることが確認できる。

四　アマテラス（卑弥呼）の農暦

以下は、原田大六『実在した神話』、藤田友治編著『前方後円墳』による。

女王国の経済生活の根幹をなすものは稲作であった。その生活にとって水の取得は比較的簡単であったが、稲の生育に合わせて農作業をするのは容易なことではない。また、先祖に対する信仰も厚く、祖先霊が山へ昇り、子孫繁栄を願って降臨し、再生するとも考えられ、これと太陽信仰が入り交じり、冬至は太陽の最も弱くなる日で「死」であるが、その後よみがえり、稲に生命をもたらし、秋には豊かな実りをもたらしてくれると考えた。

つまり、「祖先霊＝穀霊＝太陽神」である。三つのものを結びつけて生活した。

「倭人伝」（裴松之の注）によると、

「その俗、正歳四時を知らず、ただし、春耕秋収をも記して、年紀となす」

（その風俗は正しい暦を知らないが、しかし、春耕して秋収穫するのを記して一年一年を数えていた）

その生活ぶりをより端的に示すのが『隋書』（「倭国伝」）で、六〇〇年頃の倭国のことが記されている。

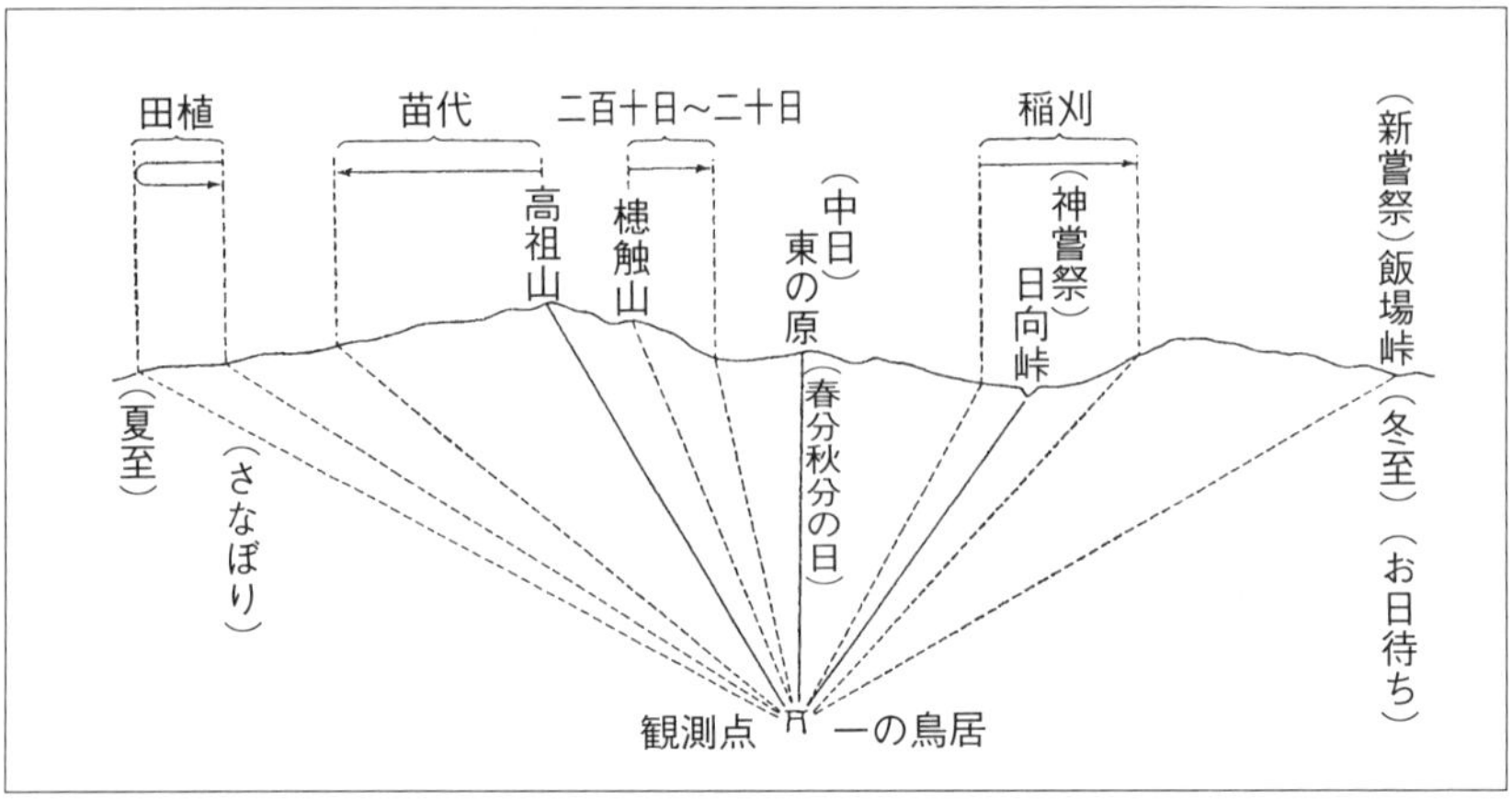

図5　天体観測と農暦（出典：原田大六『実在した神話――発掘された「平原弥生古墳」』）

「倭王は天をもって兄となし、日をもって弟となす。天いまだ明けざる時、出でて政を聴き、跏趺して座し、日出ずればすなわち理務を止め、我が弟に委ねんと」

（倭王は天を兄に、太陽を弟にたとえている。夜がまだ明けない早朝に起きて政治を行い、あぐらをかいて坐り、太陽が出ればそれで行事を終えて、あとは弟である太陽に全て委せる――王は日の動きを正しく知り農耕をし、あとは天と太陽にまかせた）

この農耕の軸をなす暦を実証するのが平原古墳（伊都国内）の農事暦である。古墳の東方には高祖山の峰が連なり、それが一年の農暦を示していた（図5）。山並みに残っている名称を冬至の側から見ると、飯場峠－王丸山－日向峠－東の原－クシフル山－高祖山となる。一年間に太陽はこの間を一往復する。これに合わせて農耕をする。

飯場とは太陽が最も弱い冬至の日が昇る地点で、農民が食事を共にとって日待ちをする祭祀の場所である。この祭祀はのちに新嘗祭となった。

日向はヒナタであり、ヒザシ（日射し）である。日の射す峠のことで、古墳の被葬者の股間に朝日が射し込むという考え方もできる。秋には稲刈りを石包丁で行い、新嘗を神に捧げる。

東の原はヒムガシのことで、東方向で人々が日に向き合う方向であり、春分・秋分の日である。クシフルは「クシ」に「奇妙な、不思議な」の意味があり、二百十日頃の太陽の荒ぶる性質を示す。高祖山は苗代を始める頃であり、多くの穂が山となり、高千穂となれと祈る頃である。クシフル山と二上山を形成し、タカチホ↓タカヂオ↓タカゾ↓タカソ↓タカスと見られる。こののち夏至となって太陽は戻っていく。

こうして一年の農暦が終わる。この日の動きを正しくとらえ、農民の指導者であったのが卑弥呼である。まさに日を知っている日知りであり、神秘的なシャーマンとも重なる。その王が女性であり、死後被葬者となった女神の股間に射し込み、農民に稲の実りを約束してくれる。女神は国の最初の王ともなった。

この卑弥呼の存在がアマテラスの伝承化につながった。神話は単なる絵空事でない。

また、近畿の二上山はクシフル山と高祖山をあとの時代になぞらえたものである。古墳群との位置関係もぴったりと対応する。

さらに、三種の神器にからむ記事は「倭人伝」と「記紀」に多い。中でも平原遺跡は大型の鏡が多く出土しており、これを祭祀の主要な道具として活用した。

アマテラスはニニギに言っている。

「この鏡をわが御魂として、わが前を拝くごとくせよ」（「記」）

五　倭国大乱

1　大乱前の倭国

(a)　水田と水利の争奪

福岡平野では縄文時代後期から人工的な水路によって灌漑水田が開始され、その高まりによって耕地の不足と水利の争いが生じた。水利上からは上流の水田が有利であり、洪水の時には下流を氾濫させればよい。反面、下流の田の方が面積が広く、その利害は複雑である。農地そのものの争いもある。

弥生農業は低湿地を中心とした開発が主であったが、玄界灘沿岸の平野にはまとまった農地は少なかった。唐津平野や福岡平野では後背湿地や旧河道の微低地や小河川谷底平野が選ばれ、糸島平野や早良平野では浅い谷が開発された。

しかし、それらは人口を賄うのに十分なものでなく、そのために小さな戦いが各地でなされた。

(b)　首長の権力

戦争に勝利した所では首長の権力を高め、敗けた場合には水田や農民が奪われてその力が弱体化した。農民が生口になることもあった。

戦争を実施、特に勝利するためには生産活動の維持増強だけでなく、交易の実施、経済問題の解決など強力なリーダーシップが求められた。水稲栽培はその動きに拍車をかけ、特定の者に統制力や制裁力を生じていった。これが首長の権限となっていった。

(c)　階級と国の発生

戦争に勝った共同体と負けた共同体では、はっきりした階級関係や支配が生じ、負けた方では生産物や労働力の一部の貢納も生じた。

共同体の内部でも戦争時や生産時の役割から一定の階層が生じた。富の多少や政治的な強弱の差となることがあった。

河川の上流から下流へと形成された村と村との間でも、水利や生産力の大小から政治的関係が生じた。その階層は農民と農民、共同体と共同体、クニとクニとの間でも生じ、模式的には次のようになった(寺沢薫『王権誕生』)。

国の連合(大共同体群)
－
クニ(大共同体)
－
小共同体
－
有力家族
－
一般家族
－
劣勢家族

隷属農民（生口）

ここで大地域（大共同体）をクニと呼び、その大共同体が集まったものを国とし、その首長を王としている。

北部九州では小共同体→クニ→国への連合がなされていった。それを引き起こしたものは人間の欲望による土地と産物の奪い合いと戦争であった。

(d) 北部九州のクニ

例として、唐津平野には遺跡の分布から松浦川の右岸と左岸に二つのクニがあった。右岸の宇木汲田遺跡からはクニの王族の墓が発見され、副葬品には銅剣、銅矛、管玉がある。前一〇〇年頃になると青銅器の副葬はなくなり、別の所で青銅器武器や前漢の日光鏡などが見られ、別の共同体の王の繁栄が推定される。

一世紀後半からは左岸平野の桜馬場から銅器、銅剣、鉄刀、ガラス玉などを副葬したマツロ国の王族墓が出現する。小共同体→クニ→国への動きがわかる（図6参照）。そして、マツロ国は「倭人伝」において「末盧国」として登場した。

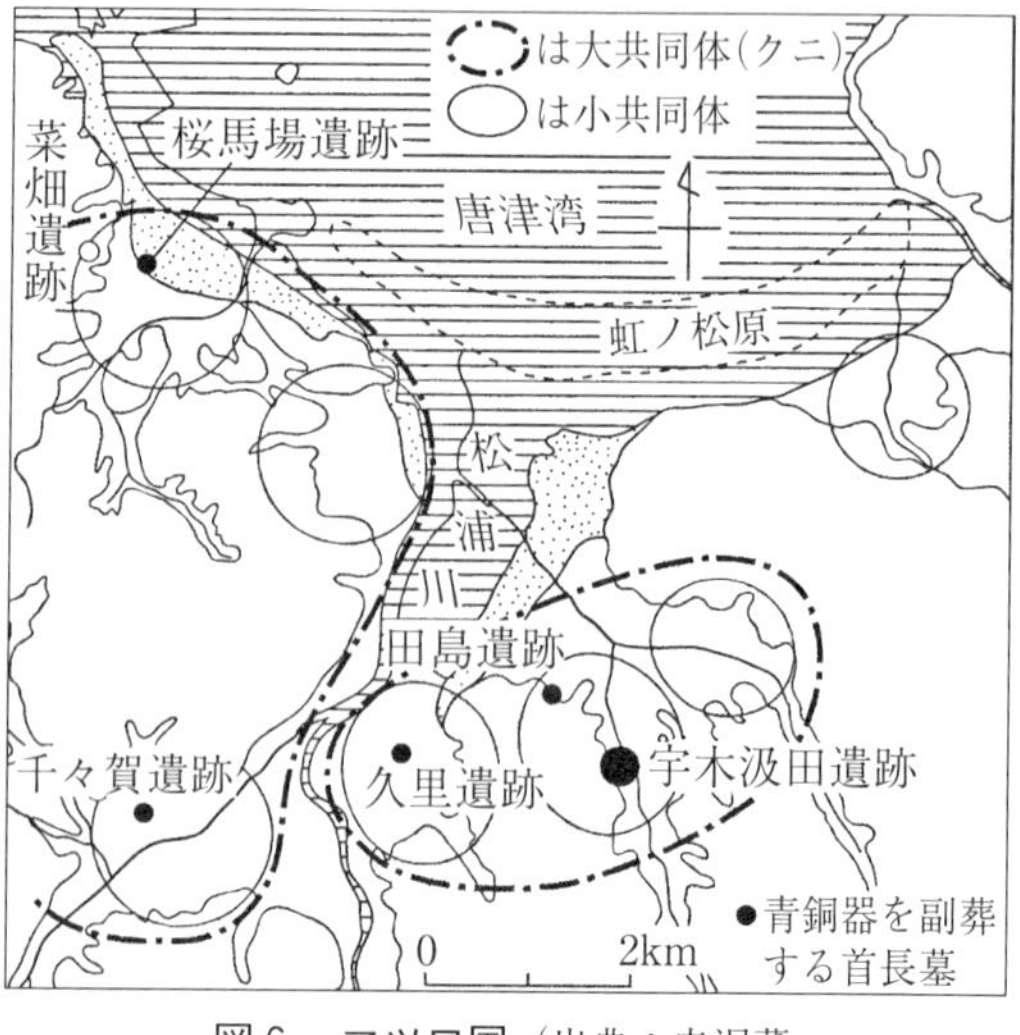

図6　マツロ国（出典：寺沢薫『日本の歴史 第02巻 王権誕生』）

(e) 王の中の王

こうした動きの中で突出した権力を持った王が福岡平野と糸島平野に生じた。奴国と伊都国である。クニを統合した国の出現である。

伊都国の王墓からは銅剣、銅戈、古鏡が出土している。奴国王の墓として須玖岡本から密集した墓が確認でき、青銅器、鉄器、ガラス玉の工房が発掘されている。

2　戦争の要因

戦争の要因として鉄器の普及、騎馬民族の進入、通商上のあつれきなどがあり、これらがそれまでの水田争奪にからんだ。

(a)　鉄器の普及

鉄器には主として農具と武器があり、農具には鋤、鍬、鎌などがあり、その利用によって農地が増え、稲作増産が進み、土地や水の争奪がより激しくなった。武器には剣、矛、戈、刀、刀子、鏃などがあり、兵器として利用された。

弥生時代の鉄刀、鉄剣、鉄矛、鉄戈などの福岡県、佐賀県の出土例は一四〇例ほどあり全国一である。併せて、県別の鉄器の出土数を示す（図7）。

鉄については春日市周辺からは青銅器、ガラス玉だけでなく、鍛冶遺構が高い密度で分布しており、工房で鉄製品が製作されていた。

紀元前後に鉄器時代に入った倭国では、青銅器を祭具に追いやるだけでなく、鉄製の農具、武具が使用され、国と国との戦いをより激しいものにしていた。農具が生産力を高め、鉄の武器が戦争を激しいもの

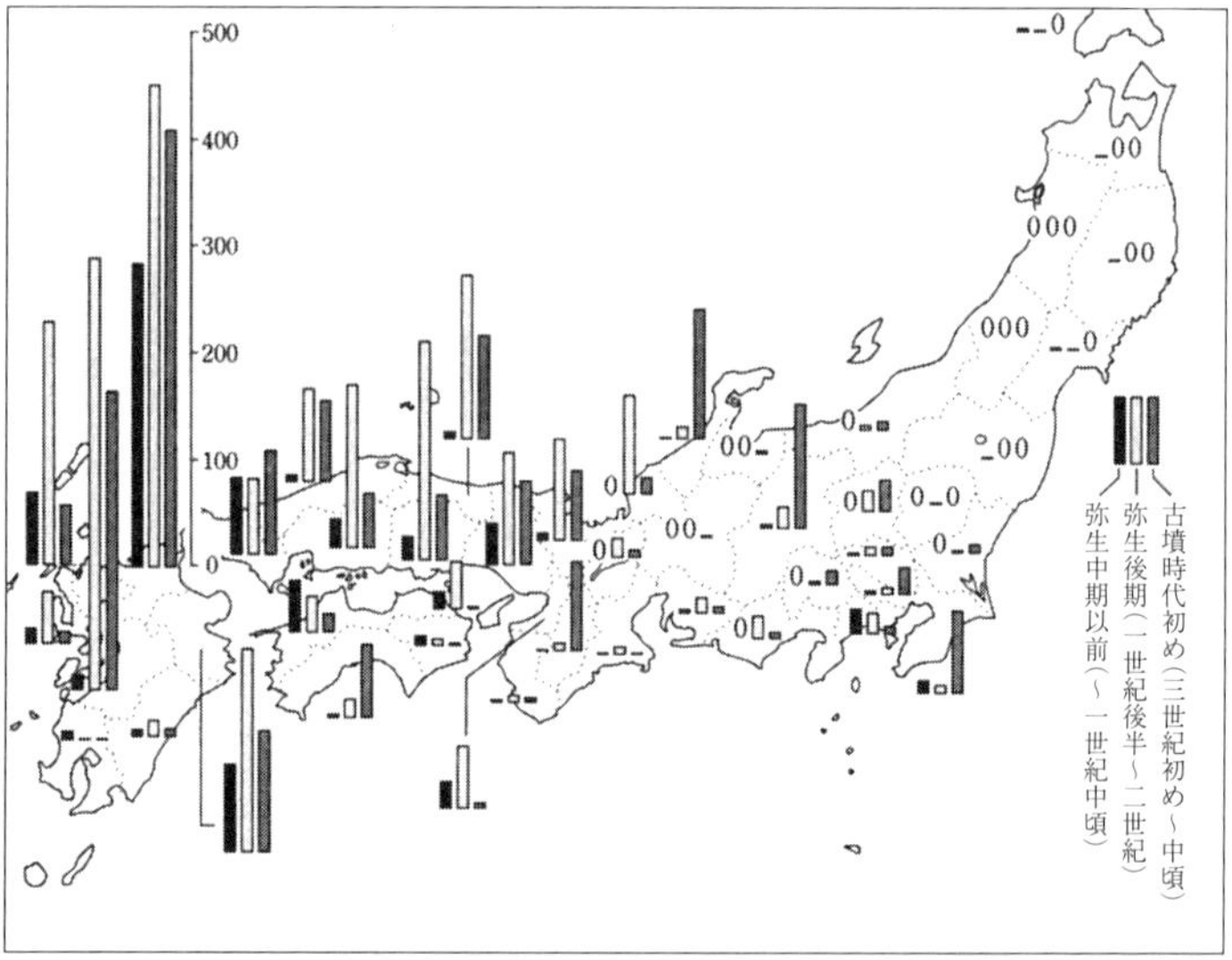

図7　県別にみた鉄器の出土数（図は川越哲志編『弥生時代鉄器総覧』〔2000年〕を一部時期補正して寺沢薫氏が作成。出典：寺沢薫『日本の歴史 第02巻 王権誕生』）

にした。

(b)　騎馬民族の進入

騎馬民族が進入し、北九州の各国の対立を深めた。進入を示すものを見る。

①　当時の民族が騎馬民族と関係が深いことは、始祖王が卵から生まれるという卵生神話が即位儀礼の中に残っていることでわかる。

天皇の即位儀礼の中心となるものは真床追衾《まとこおうふすま》である。新天皇は一夜青白い絹衣に包まれ、天照大神と一体化して生まれてくる。この神話は北方の騎馬民族と共通している。

「紀」によると、高皇産霊尊は真床追衾をもってニニギの命に着せ、ニニギはそれにくるまれて天の八重雲を押し分けて降臨されたとする。

②　降臨地の類似性

朝鮮の古代の建国神話は天日神話や卵生神話を持ち、東北アジア系の騎馬民族の神話ときわめて似ている。その中で加耶の首露王の降誕の方法も場所もニニギの降臨と似ており、同一祖先を推定させる。

首露王の降誕について述べられる。

後漢の世祖光武帝の建武十八（四二）年壬寅、三月の禊浴日に亀旨峰で不思議な声がしたので、二、三百人の人たちがそこに集まった。姿は見えず、「今いる所はいずこぞ」と訊くのに「亀旨峰なり」と答えた。するとまた言うには「皇元我に命ずるに、ここに降臨して国を建て君主になれと言う。よって降下せり。汝ら、峰の頂きの土を掘り、亀よ、亀よ、首を出せ、出さねば焼いて食べてやると歌いつつ踊れ。これ大王を迎える故なればなり」と言った。九干たちは言われたとおりに舞い歌い、しばらくして空を見ると、紫の紐が天から地上へ垂れ下がり、その紐の端には赤い布で包んだ金の小函があった。あけてみると、中には黄金の卵が六個、太陽のように輝いていた。皆喜んで三拝九拝し、それをまた包んで我刀干の家に持ち帰り、寝台の上に置いた……。卵はかえって童子になった。

「記」にも類似の話がある。

「ここに天つ神話の命もちて、イヤナギの命、イヤナミの命、二柱の神に『この漂える国を修め理り固め成せ』と詔りて、天の沼矛を賜ひて言依せたまひき。

この島に天降りまして、天の御柱を見立て八尋殿を見立てたまひき」

「ここにニニギの命に詔りたまひて、天の石位を離れ、天の八重たな雲を押し分けて〔略〕笠紫の日向の高千穂のくじふる嶺に天降りまさしめき」

「ここは韓国に向ひ、笠沙の御前を真来通りて朝日の直刺す国、夕日の日、照る国なり」

二つの神話に共通することとして、次があげられる。

●天から始祖王が降臨してくる。

●卵生神話が見られる。

●降臨地の地名と状況が同じである。韓国の場合、亀旨峰は神聖な所という意味である。高い峰から降臨している。
日本の場合、「くしふる」について、
●筑紫の日向の高千穂のくじふるたけ（「記」）
●日向の襲の高千穂の峰（「記」）
●筑紫の日向の高千穂のくじふるたけ（「紀」）
●日向のクシヒの高千穂の峰（「紀」）
●日向の襲の高千穂のクシヒの二上峰（「紀」）
●日向の襲の高千穂の添山《そほり》の峰（「紀」）
言い方は違っていても、もとの「クシフル」の音は残り、二つの神話が同一のものから生じたと見られる。その具体的な地名について高祖山には日向、くしふるなどの地名が現存している。

始祖王が天降ることも、卵生神話はもともと北方騎馬民族の共通の神話で大陸または朝鮮から渡来した事実を降臨神話の中に織り込んだと見る。
③　騎馬民族の王位継承法
騎馬民族では一定の氏族のみが王位を独占して継承できる。その例として、
●匈　奴――レンティ氏族
●蒙古族――ボルジギン氏族
●倭　国――アメ氏族。三世紀、アメ氏族はアマテラス（卑弥呼）の一族を王位継承者とする原則を確立した。「倭人伝」の壱与（台与）も同族の娘であった。王位継承が似ており、同一民族を推定させる。

(c)　通商上のあつれき

当時の沿岸の諸国は海洋国家であり、良港を持ち、特産品を互いに交易していた。その交易品の例として、

- 一支国――鉄素材、鉄製品、塩、海産物
- 伊都国――青銅製品、ガラス製品、海産物
- 奴　国――鉄器、青銅器、ガラス製品、農産物
- 不弥国――石包丁、農産物

この貿易が公正なものなら支障はないが、関税や各種の規制がなされ、通商上の摩擦が生じた。

3　大乱の時期

確認できる年として、五七年＝奴国王が後漢へ朝貢、一〇七年＝面土国王帥升の朝貢、二三九年＝卑弥呼の魏への朝貢などのみである。「倭人伝」には、「その国、本また男子をもって王となし、七、八十年ほど前倭国乱れ、相攻伐すること歴年」とある。

『後漢書』(「倭伝」)は倭国戦乱の時期を桓霊の間、つまり後漢の桓帝と霊帝の治世（一四七～一八八年）としている。唐代の『梁書』ではそれを「漢の霊帝の光和中」とする。光和は一七八～一八四年である。

これらによって倭国の戦乱は一四七年頃から四、五十年続いたと見られる。その後、女王卑弥呼が擁立された。

4　戦争の遺跡

遺跡から戦争を裏付けられる。

弥生中期から環濠集落が現れるが、二世紀頃からその濠が二重、三重になっている。吉野ケ里では最大三重の濠であるが、平塚・川添遺跡では六重、七重にもとれる。しかもその内側に城柵があり、見張所も設置されていた。

稲作による余剰農産物が人口を増大させたが、それが一面では水や土地の争奪を激しくし、戦争を引き起こした。

平塚・川添遺跡の東一〇キロの朝倉市杷木池田の西ノ迫高地性遺跡からは、比高九〇メートルの高地に壕をめぐらし、上部に居住できるほどの数棟の建物群が発見された。弥生中期のもので、のろし台もあった。

唐津市の湊の標高一八〇メートルの台地の上には弥生期の集落跡があり、その側には戦争に備えてののろし台があった。

台地の上の遺構は高地性集落と呼ばれ、同様なものが西日本の海浜部に見られ、「見張り」と「通信」の役割を持っていた。当時の列島が強い緊張状態にあったことがわかる。瀬戸内海沿岸にはこの集落が点々とあり、九州からの勢力に備えるなどの目的と見られる。

春日、鳥栖、吉野ケ里では一、二世紀の甕棺がきわめて多く出土し、中からは頭蓋骨がなかったり鏃が刺さったりした人骨が多く出る。吉野ケ里からは首のない人骨が出ている。

北部九州では弥生前期〜中期にかけて百体以上の犠牲者が報告されている。まず弓で射かけ、剣でとどめをさしていた。

5　倭国大乱の経過

次のように推定する。

(a)　奴国と騎馬民族国家

二世紀前半に北部九州に渡来した騎馬民族系の人は筑後川沿岸に内陸的な強国を作った。その進出ルートは、伊都国や奴国が大きな力を持っていたから、東の遠賀川流域から入り、宝満川、小石原川および筑後川中流域に邪馬台国を作った。また、吉野ケ里にはクマ国があった。

その拠点地の一つとして朝倉・甘木があり、具体的なものとして平塚・川添遺跡がある。

- 甘木地方の平塚にあり、弥生時代の大型環濠集落である。三百軒を超える竪穴住居が確認できる。
- 防衛施設として、幅一五メートルもの環濠があり、物見やぐらがある。濠について六重のものが確認されている。第一環濠の内部は南北三〇〇メートル、東西一五〇メートルにも及ぶ。楕円形に集落を取り囲んでいる。
- 集落の両側に小石原川と佐田川があり、川には橋があり、防衛的視点からは秀れた地形である。
- 集落の外の西側には数本の柵列が出土している。敵の侵入に備えた。
- 周辺の山陵中腹には高地性集落があり、のろし台があった。
- 集落の周りは平野で水利に恵まれ、農業適地であり、他国にとって侵略の対象になりやすい。環濠のあった時期は倭国大乱期と重なる。周辺の国（奴国）との対立と戦争があった。

吉野ケ里歴史公園

吉野ケ里にあった国がクマ国と見られる。海岸に近く、周辺にはクマの地名が数多く残る（日の隈山、帯隈山、鈴隈山、茶臼隈山、西日隈山、中の隈山）。「記」によるとアマテラスの国と接しており、相互の対立が示される。

吉野ケ里の防衛施設として、

- 集落の外側に大きな濠があり、集落をとりまいている。
- 望楼や城柵を持つ。
- 多数の鉄製品があり、武器が出土している。

こうした騎馬民族国家と対立していたのが奴国であった。特に邪馬台国と奴国とは北部九州の覇権をめぐって激しい対立を引き起こしていった。邪馬台国はアメ族の正統性と人口の多さを主張して奴国と対立する。根底には騎馬民族と農耕民族の対立があった。奴国は経済力や漢との関係を主張した。

(b)　奴国と伊都国・不弥国

奴国の東側には不弥国、西側には伊都国があった。

五七年に奴国は漢に使節を送り、光武帝より「漢委奴国王」の金印を受けた。金印の大きさはおよそ二・二三センチ四方である。文字は「漢」の字が大きく、左側に「委奴」、「国王」と二行に彫られている。一七八四年に志賀島の南端の叶崎で発見された。一人の百姓が農地補修中に偶然に地中から発見し、現在に至っている。その読み方についてさまざまな説があるが、私は次の読み方が正しいと見る。

まず、漢の字が大きく彫られている。

委と倭の字は全く異なるもので、委の意味は「まかせる、ゆだねる、捨てる、なすりつける」などがあるが、ここでは「まかせる」（委任）である。なお委奴国の名は中国側の文献になく、そういう国名はない。したがって、ここでの意味は「漢のことを委《まか》せた奴国王」である。

この金印の効用について示される（高見勝則『倭の女王国を推理する』）。

まず、漢側の利点として、次があげられる。

●漢王朝に敵対する可能性のある東夷諸国と倭地の百余国が結託しないように、倭地中の有力国である奴国を漢王朝の陣営に取り込む。そのために金印を授与。

●出入国管理のための身分証明書および密貿易を防止し、租税を確保するための交易許可証などの事務を奴国にまかせる。

●遠隔地の倭地での複雑なもめ事の処理を奴国の行政処理にまかせる。

一方、奴国側の利点として次がある。

●強大な漢帝国の政治権力を後ろ楯にして、百余国の国に対して実質的に君臨できる。

●奴国の生業の中心をなすものは商業貿易であり、金印をバックにして貿易上の関税を徴収でき、貿易を有利にできる。

●統制によって貿易の独占が可能である。

前に述べたように、「漢委奴国王」の金印を受けた奴国は、強大な漢の権力を後ろ楯に自国の力を高め、貿易を有利に進めた。

志賀島の金印の碑（海に浮かぶのは能古島）

この影響を最も強く受けたのが隣国の不弥国と伊都国であった。中国や朝鮮文化の導入にあたって奴国の了解が求められ、祭祀器具が不足したり、奴国との交換比率が不当に低くなるケースがあった。また、奴国に富が集中し、逆に両国での貿易がスムーズに実施されず、治安悪化が生じていった。

この事態の解決をはかるため不弥国と伊都国が協議した結果、奴国の権勢の根源は金印にあるとした。このため両国は新たな金印を得るため生口一六〇人程度を従えて漢の都洛陽を目指した。

「安帝永初元（一〇七）年、倭の国王帥升らが生口百六十人を献じ、諸見を願った」（『後漢書』）

しかし、この行為は成功しなかっただけでなく、奴国はこの事態を知ると不弥国に侵入し、両国の間に戦争が開始された。圧倒的な経済力と武力に勝る奴国はたちまち不弥国を破り、領土の割譲と国王の退位が生じた。

あとを継いだ不弥国王は長い間の労苦の結果、奴国の急襲を計画した。一支国や伊都国との連携をはかり、志賀島にあった金印を奪うというものである。金印こそが奴国の権力の根源と見たからである。

二世紀の中頃、不弥国の軍は志賀島を襲った。島の監視と金印をあずかる命は金印を地中に隠して戦死した。

急襲は成功したが、金印は見つからない。不弥国・伊都国と奴国との戦いは決定的なものにならず、三国の争いは長期化した。

また、内陸部では邪馬台国対奴国、邪馬台国対クマ国の戦いが生じていた。北部九州は長期間にわたって内乱状態となった。

六　和平

大乱は四、五十年ほど続き、次のことが起こった。
●百ほどの国が三十ほどになった。
●しかし、一国が決定的な力を得ることはなく、軍事力が均衡し、一つの統一国家にならなかった。
●戦争による被害とデメリットが各国の間で広く認識されてきた。
「記」では黄泉の国から逃げ帰ったイザナギは「筑紫の日向の橘の小門の阿波岐原」でみそぎをしたのち、次々と神を生み、最後にアマテラス、ツクヨミ、スサノオの三貴神を生むとする。政治家が活躍し、和平が実現されたことを反映している。筑紫は福岡であり、日向を日の当たる所、小門を小河川の河口、橘を立花山、阿波岐原を青木が茂った所ととると、香椎宮の北にある立花山の南斜面を一つの比定地とできる。

神話はこの和平を伝説化したものと言える。

女王卑弥呼の擁立の背景として次があった。
●各国とも決定的な支配力を持つことができず、男王の場合、他国を侵略するおそれがあったが、女帝の場合、そのおそれがないこと。
●軍事的に際立った男王が現れず、戦争を続けることはマイナスであった。
●卑弥呼に高い識見があり、かつ宗教的祭事に優れ、将来のことに的確な方針を出すことができた。
●各国の力が均衡していたが、総合的な力では邪馬台国が優れていた。農耕に優れた適地にあり、通商について有明海も利用可能であり、博多湾にも近い。

立花山における和平会議はタカギによって運営された。

卑弥呼は連合国を統轄する女王として擁立された。女王国の成立である。

奴国領地は処分され、その突出した行動は強く規制された。特に外交事務は奴国でなく、伊都国に女王国の役人を派遣して処理することになった。

各国の主権は認められ、倭国全体は連合国であり、卑弥呼はその連合国の首長とされた。

七　末期の女王国

(a)　狗奴国戦争

女王国と狗奴国との戦争について「倭人伝」の記録は簡単である。
●国の南に狗奴国があり、男子が王であり官に狗古智卑狗があり、この国は女王国に服属していない。
●卑弥呼と男王卑弥弓呼とは不和であって、卑弥呼は使いを帯方郡にやって戦いの状況を報告させた。

戦争の原因は卑弥呼の老齢化であり、次の連合国の王を誰にするかが問題になった。これに加えて女王国が中国との関係を深め通商を独占することが問題になった。

狗奴国王は倭国を大乱以前に戻し、男王を立て、邪馬台国につぐ大国であり、自国から大王を出すべきと主張した。神話でこのことを伝えるのは出雲に行った者の子孫のスサノオである。「記」にはアマテラスとスサノオとの決定的な対立が示される。

●スサノオはアマテラスの営田の畔を離ちその溝を埋めた。基幹産業を破壊することをしている。

●大嘗を聞こしめす殿に屎を散らした。

●アマテラスの服屋《はたや》の頂《むね》を穿ち、天の斑馬《ふちこま》をさかはぎにして堕し入れた。

邪馬台国の絶対に受け入れられないことをしている。相互の対立は深まり、全面戦争になった。「倭人伝」では千余人が死んだとし、「記」では万の災いがことごとく起こったとする。

戦争は二四五（正始六）年頃に起こり、一、二年のうちに終了した。

この戦争が終わる頃、卑弥呼は亡くなった。

「その後、卑弥呼が死んだ。大いに冢《ちょう》を作り、その径は百余歩、殉葬された奴婢は百余人であった」（「倭人伝」）

その墓を福岡県朝倉郡筑前町（旧三輪町）の大塚とする説がある。三〇メートルほどの円墳であり、頂上には一〇〇〇トンほどの墓石が置いてある。周りには卑弥呼と関係する所が多い。墓の大きさについて、一里は短里（約七五メートル）で、一里＝三百歩であり、百歩は二五メートルほどになる。大きさ、地形からその墓と見てもおかしくない。

(b)　壱与の擁立

没後、連合国の王位についたのが男王であったが、諸国はこれを認めず、対立が深まった。しかし、卑弥呼の同族の女性の中から、十三歳になる壱与を女王として、治まった。
「倭人伝」では卑弥呼の宗女とし、同族の女性の中から選ばれたと見る。
このことの背景として次がある。
●諸国は邪馬台国が強大になり、各国を侵略することをおそれた。女性の場合、その危険が少ない。
●後継者として同族の者が選ばれた。これにより王の承継について一定の基準が生じ、一定の姓（この場合アメ氏）の王族が王位を独占することになる。

第三章

天孫降臨と東征

一　古代王の活躍年代

「記紀」による初期の古代王の即位年はきわめて古く、在位年数も異常に長いものが多い（表1）。「紀」によると神武天皇の即位年は前六六〇年とされる。これは中国の辛酉革命論をもとにして六〇一年（辛酉の年）を起点として、その一二六〇（六〇×二一）年前を即位年としたもので、歴史的根拠が薄い。

また、初期の天皇の死亡年齢について、神武一二七歳、綏靖八十四歳、安寧五十七歳、崇神一二〇歳、景行一〇六歳、成務一〇七歳、応神一一〇歳、履中七十歳など異常な高齢での没年であり、信用できない。表1の神武～安康（二十代）までの「紀」による在位年数を単純に平均すると、一代五十一年（一〇二七÷二〇）となり、きわめて長く、事実と思われない。

「紀」などによって年代がほぼ確実な雄略（二十一代）～桓武（五十代）までの在位年をもとに、世紀毎の天皇の在位年数を見ると、平均在位年数は十一・三年となる（表2）。

また、これは単純に雄略と桓武の即位年だけを見て算出しても、雄略の四五六年～桓武の八〇六年までの三十人の平均在位年数は十一・六年となるので、それ以前の三、四世紀は十年以下と推定できる。

このことについて詳細な研究が示されている（安本美典『倭王卑弥呼と天照大御神伝承』）。

表１　初期天皇の即位年

代	天皇名	即位年	退位年	在位年数
1	神武	BC660	BC585	75
2	綏靖	581	549	32
3	安寧	549	511	38
4	懿徳	510	477	34
5	孝昭	475	393	83
6	孝安	392	291	101
7	孝霊	290	215	75
8	孝元	214	158	57
9	開化	158	98	61
10	崇神	97	30	68
11	垂仁	29	AD70	99
12	景行	AD71	130	59
13	成務	131	190	59
14	仲哀	192	200	8
15	応神	270	310	40
16	仁徳	313	399	86
17	履中	400	405	5
18	反正	406	410	4
19	允恭	412	453	40
20	安康	453	456	3

表２　世紀毎の天皇在位年数

世紀	代数	在位年数計	平均在位年数
5	5	48	9.6
6	8	118	14.7
7	9	77.5	8.6
8	8	98	12.2
計	30	341.5	11.3

表３　四世紀毎の天皇平均在位年数

世紀	天皇の数	平均在位年数
1～4	不明	不明
5～8	20	10.88
9～12	33	12.24
13～16	29	15.63
17～20	17	22.9

一〜二十世紀までの日本の天皇の四世紀毎の平均在位年数を示す（表3）。

これらのことを総合的にとらえて、

●五世紀以後の各時代の平均在位年数は同じ時期の中国の王に近く、それぞれの平均在位年数は平行的である。比較した場合の相対誤差（比較して一を引いたもの）は、最大の場合でも一割しか違わない。したがって一〜四世紀の中国の場合の一〇・〇五年に一割程度の幅をつけると、日本は九・〇四〜一一・〇六（一〇・〇五±一・〇一）年となる。

●天皇について五〜八世紀の平均在位年数は一〇・八八年である。時間をさかのぼるにつれてその年数は短くなる。このことは五世紀、七世紀および五世紀〜二十世紀までについて言える。

●五世紀の平均在位年数は九・六年である。

これらのことにより、一〜四世紀の平

均在位年数について十年ほどに推定される。

これによって古代王の即位年を表4のように推定する。例えば神武は三世紀末の人である。ここで、「紀」の天皇を実在とする。

この表においては天皇の在位年数を考えていない。そこで、同じく神武即位年を二五六年、雄略の即位年を四五六年として、「紀」の即位年数を考えに入れた表5を示す。ここで、崇神は四世紀中期、応神は五世紀初の人と推定される。

表4　古代首長即位年推定表

名　称	日本書紀	平山朝治氏推定	推定年（1）	推定年（2）
アマテラス		224	235	206
ニホミノ命		234		
ニニギの命		245		
ホホデミの命		255		
ウガヤフキアエズの命		265		
1　神武	BC 660	276	285	256
2　綏靖	581	286	295	266
3　安寧	549	296	305	276
4　懿徳	510	307	315	286
5　孝昭	475	317	325	296
6　孝安	392	327	335	306
7　孝霊	290	338	345	316
8　孝元	214	348	355	326
9　開化	158	358	365	336
10　崇神	97	369	375	346
11　垂仁	29	379	385	356
12　景行	AD 71	389	395	366
13　成務	131	400	405	376
14　仲哀	192	410	415	386
15　応神	270	420	425	396
16　仁徳	313	431	435	406
17　履中	400	441	445	416
18　反正	406	451	455	426
19　允恭	412	462	465	436
20　安康	453	472	475	446

（1）雄略天皇（21代）の即位年を485年として逆算する。
（2）雄略天皇の即位年を456年として逆算する。
（3）485＝585（用明即位）－10×10

二　地名の移動

北九州と近畿地方には同一または類似の地名がきわめて多い。これは北九州に住んでいた部族が近畿に進出したのちに、故地の地名をつけていったからである。

その具体的な地名例として、笠置、春日、御笠、住吉、平群、池田、三井、小田、三輪、雲堤、高田、長谷、加美、朝倉、久留米、三潴、香山（高山）、鷹取、天瀬、玖珠、鳥見、山田、田原などがあり、両地域に類似名が見出されるだけでなく、その方位と相互の位置関係も似ていることが示される（図8）。

表5　修正古代首長即位年推定表

代	王名	日本書紀による即位年	即位年数	修正即位年数	修正即位年
1	神武	BC 660	79	14	256
2	綏靖	581	32	6	270
3	安寧	549	39	7	276
4	懿徳	510	35	6	283
5	孝昭	475	83	15	289
6	孝安	392	102	18	304
7	孝霊	290	76	14	322
8	孝元	214	56	10	336
9	開化	158	61	11	346
10	崇神	97	68	12	357
11	垂仁	29	100	18	369
12	景行	AD 71	60	11	387
13	成務	131	61	11	398
14	仲哀	192	78	14	409
15	応神	270	43	8	423
16	仁徳	313	87	15	431
17	履中	400	6	1	446
18	反正	406	6	1	447
19	允恭	412	41	7	448
20	安康	453	3	1	455
21	雄略	456			456

（1）456＋660＝1116
（2）456－(10×20)＝256（神武即位年）
（3）200÷1116＝0.179
　　修正即位年数＝即位年数×0.179
備考：「紀」の即位年数を神武即位年（256年）と雄略（456年）により修正し，即位年を推定した。

図8　北九州の地名と大和の地名とのふしぎな一致
（出典：安本美典『邪馬台国と高天の原伝承――「邪馬台国＝高天の原」史実は国内で神話化した』）

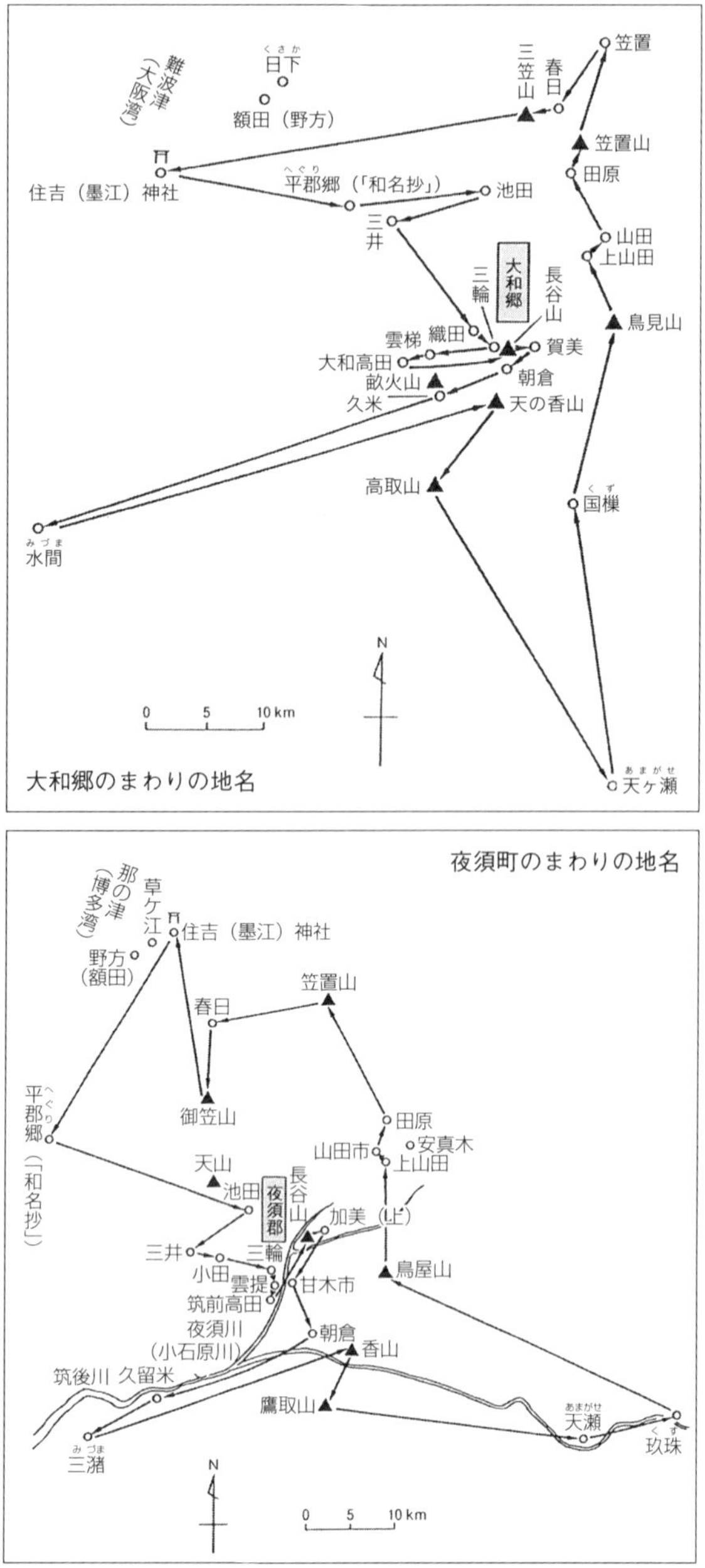

類似の地名はこれだけではない。その一覧（表6・7）を示す。

これらから言えることは、九州の人が東征または移住して類似の地名をつけていったのである。なお、その逆ではない。

一つの例として北部九州にも奈良にも三輪があり、史跡の中心的位置にある、その経緯を見る。

三輪は、二世紀に日本に進出してきた北方騎馬民族が持ち込んだ言葉であり、元のツングース語に神を祭る場所として聖地を意味する「ＭＩＹＯＯ」がある。ミワは神と結びついているため、神、大神、神部、三輪などと記される。そして、三輪祭祀の特徴は山を御神体として、山全体を聖地として社殿を持たないことである。

表6　安本美典氏*による地方・方位が一致する26カ所

九州夜須町	三輪，雲堤，筑前高田，小田，三井，池田，平群郷，住吉墨江神社，那の津，草ケ江，御笠山，春日，笠置山
大和郷	三輪山，雲梯，大和高田，織田，三井，池田，平群郷，住吉墨江神社，難波津，日下，三笠山，春日，笠置
九州夜須町	田原，山田市，上山田，鳥屋山，玖珠，天瀬，鷹取山，香山，三潴久留米，朝倉，加美，長谷山
大和郷	田原，山田，上山田，鳥見山，国樔，天ケ瀬，高取山，天の香山，水間，久米，朝倉，賀美，長谷山

＊『邪馬台国論争に決着がついた！』（出典：富田徹郎『卑弥呼の幻像』）

表7　奥野正男氏による奈良地名と一致する九州朝倉地方の地名

九州	石原，高樋，平田，大木，井上，東田，太田，一木，大福，常盤，巨勢川，白川，白木，桜井，吉井，川原，吉田，以真恵
大和	石原田高樋，平田，大木，井上，東田，太田，櫟木，大福，常盤，巨勢，白河，白木，桜井，吉井，川原，吉田，今井
九州	奈良，田中，長安寺，蔵谷，武蔵，鏡，中，日隈，筑紫，永岡，杉馬場，古飯，城山，遠市，千代丸，山口，和田，佐田
大和	奈良，田中，長安寺，車谷，武蔵，鏡作，那珂，檜前，筑紫，長岡，杉布留，箕山，十市，千代，山口，和田，佐太
九州	八丁島，三嶋，広瀬，長田，オノ木，天山，谷，中原，栗田，幡崎，赤川八軒屋，久保，仁王丸，福童，弥永，稚児志
大和	八条，三島，広瀬，池田，佐井，天山，谷，中町，黒田，八田，赤瀬，八軒屋，多，仁王堂，福知堂，柳本，馳向
九州	小鹿田，女谷，杷木，余名持，古毛，千足，室ケ谷，稗田，桜林，錫野，田屋，馬市，乙隈，山家，屋敷，坂井
大和	小鹿野，女寄，八木，吉隠，隠国，千足，室生，稗田，桜橋，錫原，田町，馬司，乙木，山町，出屋敷，田井
九州	阿志岐野，頓田，豊田，穴尾，石動，津毛，佐保
大和	安騎野，屯田，豊田，穴師，石成，都介，佐保

注：安本美典氏の指摘する14カ所を除く。　　（出典：富田・上掲書）

この源流は対馬の南端の町の「豆酘《つつ》」にあり、豆酘の龍良《たてら》山の麗は蘇塗《そと》と呼ばれる禁足地になっており、高御魂神社がある。この高御魂神社が九州に上陸して三輪町の大己貴神社となったとされる。その祭神はオオナムチである。ヒメコの拠点地の一つとされる平塚川添遺跡の北方約六キロにあり、奥宮と推定される。支配者の本拠地の北方で住居の近くに奥宮を作ることはほかの例からも十分あり得る。具体的にはヒメコの奥宮である。

そして、この筑紫の三輪は吉備の総社市の三輪に移り、さらに奈良県の三輪に移った。奈良の南には三輪神社があり、その南方の三輪山は山全体が御神体であり、社の名称と神信仰の形を色濃く残している。

さらに、筑紫の三輪は常磐三奈木を伴っており、吉備の三輪には常磐美奈岐、奈良の三輪には常磐・柳がある。

三　ニニギの降臨

「記紀」に天孫降臨の話は多い。

「故にニニギの命に詔りたまひて、天の石位を離れ、天の八重たな雲を押し分けて、いつの道別き道別きて、天の浮橋にうきじまり、そり立たして、筑紫の日向の高千穂のくじふる嶺に天降りまさしめき」（「記」）

「ここは韓国に向ひ、笠沙の御前をまき通りて朝日の直刺す国、夕日の日照る国なり。故、ここはいと吉き地なり」（「記」）

アマテラスはニニギに言った。

「葦原の千五百秋の瑞穂の国はわが子孫が王たるべき国である。皇孫のあなたが行って治めなさい。さあ行きなさい。宝祚の栄えることは天地とともに窮まりないであろう」

この時に高皇産霊尊は真床覆衾を持ってニニギの命に着せて、天の八重雲を押し分けて降らせられた。

(a)　目的

平和が戻った高天原では、二代目のアマテラス（壱与または台与）がニニギに天降りを命じた。ニニギは「五伴緒」という部族を従え天降り、猿田彦、天の忍日の命、天津久米の命などの出迎えを受ける形になっている。

この降臨は始祖王が天上の聖なる山に降臨するという騎馬民族独特の伝承に類似しており、特に加羅国の始祖王の首露の降誕に似ている。その降臨はまず九州内において生じた。また、三種の神器を持っている。

(b)　定着地

ニニギの降臨の地は「筑紫の日向の高千穂のくじふる峰」とされる。

具体的な比定地が二つある。福岡県の高祖山のふもとと佐賀県の脊振山の近くである。

高千穂を高い峰、日向を高祖山のふもとの日向峠と見ると、高祖山麓である。そのまま韓国に向かいて「記紀」の状況に似ている。

また、韓国を加羅ととり、韓国に向かい合う所として有明海に面した脊振山系の一部とする。有明海は干満の差を利用して朝鮮半島に行けるので面している。笠沙は朝日、夕日がさす南斜面と見る。したがっ

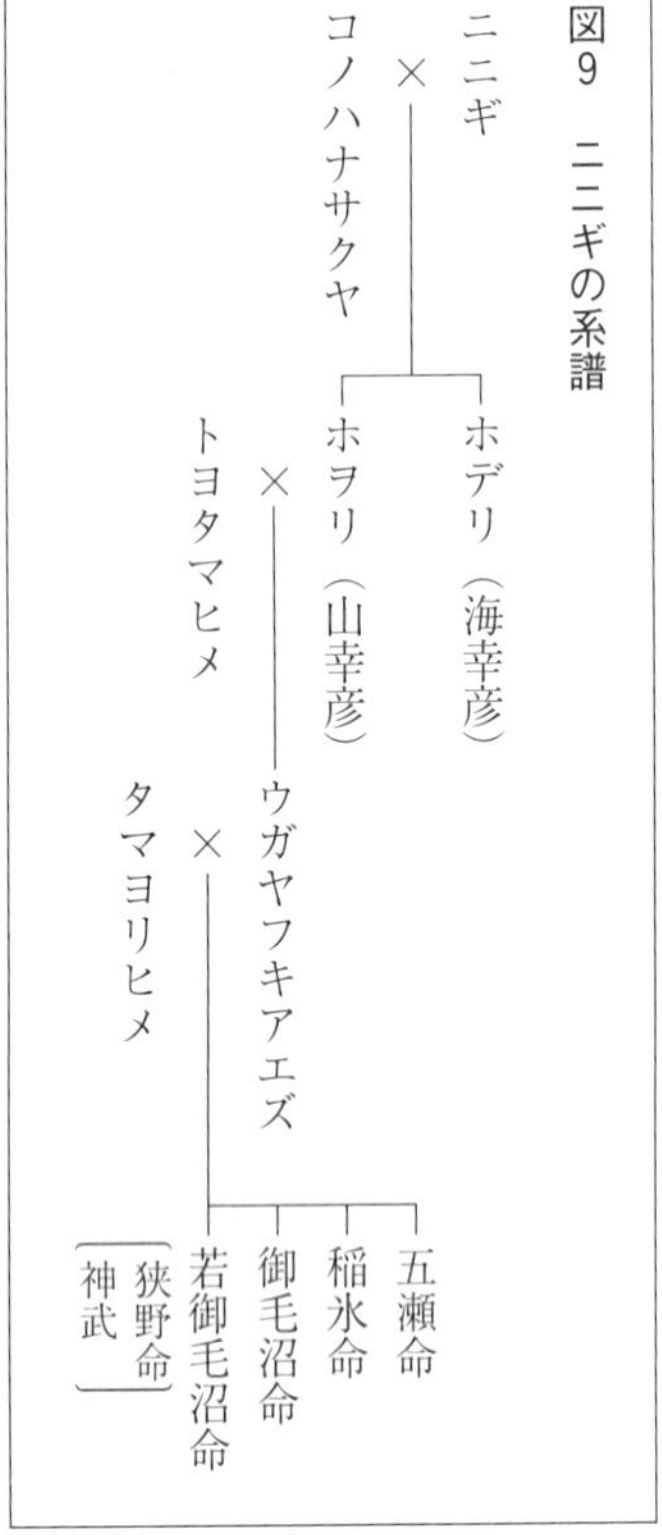

図9　ニニギの系譜

て佐賀平野、小城平野の北の脊振山に近い所である。

いずれにしても北九州の一部である。

ニニギは二代目アマテラスからヤサカの勾王、鏡、草薙の剣などの三種の神器を授けられ、「記紀」からは一定の統治権の付与があったと見られる。

移住した場所は玄界灘または有明海に面しており、農業だけでなく漁業もきわめて盛んであった。そこで農耕と漁業の生活をし、付近の海人族の娘を妻として大きく勢力を伸ばしていった。「記紀」からその様子がうかがえる。

血縁関係を図9に示す。ニニギ、ホヲリ、ウガヤフキアエズの三代について海人族の娘を妻にしている。そしてウガヤフキアエズについては四人の息子があり、その四男が若御毛沼命（のちの神武天皇）である。

「三世紀の古代では脊振山の南斜面から有明海沿岸にかけての佐賀平野は広く『筑紫の日向』と呼ばれていた。〔略〕そこに天神の子とされるアメ氏族の若者が入りこみ、活躍するようになった。その中から頭角を現してきたのがウガヤフキアエズ、ワカミケヌ（のちの神武）であった」（富田・前掲書）

(c)　三日月・甘木

杵島・小城地方の三日月・甘木と甘木・朝倉地方には、類似の地名がきわめて多い（表8）。大規模な民族移動があったのである。

表8　三輪・甘木（甘木・朝倉地方）から三日月・甘木（杵島・小城地方）への地名移動（山本末男氏*）

三輪・甘木	甘木，美奈宜，神の蔵，東小田，西小田，馬田，栗田，栗山，小隈，乙隈，立野，牛鶴，桑鶴，桑原，今川
三日月・甘木	甘木，皆木，神山，上小田，下小田，馬神，栗原，黒原，小隈，米ノ隈，立野，柳鶴，桑鶴，桑原，今川
三輪・甘木	平塚大願寺，焼の峠，松尾，田中，赤司，畑島，古毛，城，城山，砥上，小坂井，三日月山，平田，柿原，白木
三日月・甘木	大願寺，焼山，松尾，田中，赤司，畑田，蒲原，小城，城山，砥川，坂井山，三日月，平川，柿樋瀬，白木
三輪・甘木	高橋，谷，依井，金丸，高田，高上，三島，富多，福島，猿丸，藤島，勝山，石原，神田，錫野
三日月・甘木	高橋，谷，寄居，金田，高田，高柳，三ケ島，大町，深町，佐留志，藤折，勝，石原，長神田，鈴山峠
三輪・甘木	新町，奈良，麻氐良山，山田，遠市，高取山，大平山，池の上，古寺，鬼の枕，高木，志波
三日月・甘木	新町，楢田，真手山，東山田，今市，高取山，大平山，池の上，小寺，鬼の鼻山，多久，渋木

＊『佐賀は輝いていた』　（出典：富田徹郎『卑弥呼の幻像』）

これはニニギなどの伝承を地名から裏付ける。神話は史実を反映している。

(d)　九州各地への天孫降臨

九州各地への民族移動がなされた。

それは甘木、美和、高田などの地名が一かたまりとして北部九州で見られることからわかる。大牟田市には甘木山、東甘木があり、北部には高田町があり、広川はかつて甘木と呼ばれた。八女と大牟田の間には大神《みわ》がある。

遠賀川流域の飯塚市には甘木があり、南の穂波町に高田がある。

宇佐地方の豊後高田市にも甘木があり、高田名とミワ地名の美和がある。

これらの例を示す（国名は仮である）。

トモの国……八女甘木、大牟田甘木、大神

オカの国……飯塚甘木、高田

宇佐の国……豊後高田、甘木、美和

四　神武東征

神武天皇は実在し、北九州から近畿地方へと東征していった。その時代は三世紀末である。また、北九州の一部族の進出と見る。

1　活躍年代

まず、「紀」により初期天皇の在位年数と推定死亡年を示す。どの王も異常に長く、史実と思えない。特に神武については在位年数と死亡年について異常に長い。

1	神武	七五年	一二七歳
2	綏靖	三三年	八四歳
3	安寧	三八年	五七歳
4	懿徳	三四年	七〇歳
5	孝昭	八三年	八三歳以上
6	孝安	一〇一年	一〇一歳以上
7	孝霊	七五年	七五歳以上
8	孝元	五七年	七六歳
9	開化	六一年	七六歳

10　崇神　　六八年　一二〇歳

そこで、平均在位年数を十年と見て、三十一代用明天皇の即位年を五八五年として、

五八五－一〇×三〇＝二八五年

また、二十一代雄略天皇の即位年を「紀」により四五六年として、

四五六－一〇×二〇＝二五六年

すると、神武天皇は二五六〜二八五年に即位したと見られ、その活動年代は三世紀末である。

神武天皇以前の三代の陵墓について「紀」によると、

ニニギは「筑紫の日向の可愛の山陵」

ホホデミは「日向の高屋山上陵」

ウガヤフキアエズは四州の宮に崩じ、「日向の吾平の山上陵」に葬むるとする。ニニギは筑紫と明記されている。

初期天皇の陵墓について「記紀」より見る。

神武天皇　畝火山の北の方の白檮の尾の上（「記」）

　畝火山の東北の陵（「紀」）

綏靖天皇　衝田岡（「記」）

　桃花鳥田丘上陵（「紀」）

安寧天皇　畝火山の御陰（「記」）

　畝火山の御陰井上陵（「紀」）

ここで、古墳の特徴について示す。

前期古墳（三世紀末～四世紀）については丘陵尾根上、台地縁辺などの低地を見下ろす所に作られ、自然の地形を活かしている。形については前方後円墳、前方後方墳、円墳、方墳などがあり、墳形を整えるのに自然の地形を利用している特徴がある。

「記紀」の記録からは神武天皇陵は前期の特徴を示しており、三世紀末に造成されたと見る。その直後のほかの天皇陵も同様の傾向を示し、直前の王とのつながりもなめらかである。

近畿に進出した王が故地の陵形の陵を築いていったと見る。なお、神武天皇陵については奈良県橿原市のミサンザイが比定されている。

2　神武の身分

「紀」によると神武天皇の幼名は「狭野」であり、長じては「若御毛沼命」である。「命」の具体的意味はわからないが、その身分を証するものとして、東征後において、ニギハヤに示すものとして「天の羽羽《はは》矢《や》」および「歩靫《かちゆき》」とあり、この二つの武具から武人の出身である。

一方、アマテラスについては「記紀」に「八尺の勾玉、鏡、草那芸剣」または「八坂瓊の曲玉、八咫鏡、草薙剣」とあるように、いわゆる三種の神器を持っており、それらが地位を示す重要な神器であるとわかる。

ここで推定されることとは、神武は王または首長でなく武家の出身であることである。東征において三種の神器を所有していない。神器が天皇を示す神聖な器具とされるのは後代であると考えられる。進出にあたっての身分は有力な武人と見る。その所持品がニギハヤとの対戦でも効力を示し、同族とわかり帰順した。

3　東征を裏付けるもの

銅鐸は近畿を中心として出雲、四国などに多く出土している。これまで三五〇個以上の銅鐸が愛媛県を除く四国の三県と広島・島根、東方では静岡県、北では石川県などで出ている。偶然に発見されたものか、集落の隣接区域、集落を遠望する山腹の傾斜地から、故意に地下に埋蔵された状態で発見されている（赤城毅彦『邪馬台国発見史』）。埋納についての説として、

- 地中埋納説
- 地中保管説
- 地中隠匿説（戦争があり、将来取り出すと考えて一時地中に隠した）

などがある。

反対に銅剣、銅矛、銅戈は九州を中心として西日本に集中して出土している（図10）。

二地方に器具が分かれて出土することに対して、もし皇室が当初から大和に興ったとすると、弥生時代の畿内の祭器であった銅鐸は何らかの形で大和朝廷の祭祀や文化の中心地に残っていてよさそうである。ところが、銅鐸は山麓などにまるで打ち捨てられたように出土する。その反対に

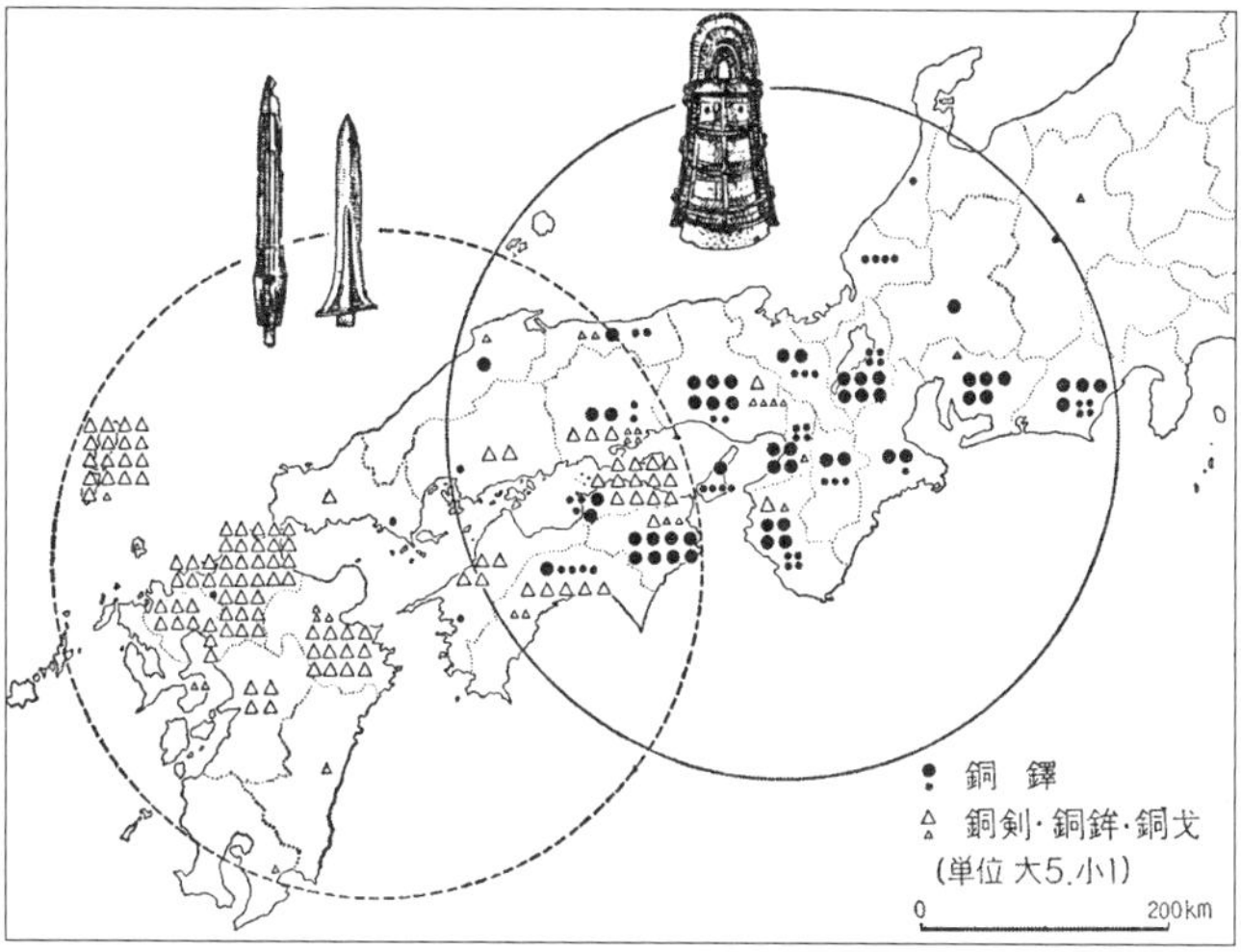

図10　銅剣・銅鉾・銅戈文化圏と銅鐸文化圏（小林氏による）

九州系の剣、玉、鏡は皇室の皇位のシンボルになった。これは北九州の権力者が、畿内の先住民を滅ぼしたからである（井上光貞『神話から歴史へ』）。

この滅ぼした集団が邪馬台国の代表者か一部族であるかは不明である。しかし、剣などを祭器にしていた集団が畿内に侵入して先住民の祭器を滅ぼしたとすると説明がつく。

さらに、この動きを邪馬台国全体の動きとはとらえられない。また、大和での建国が国全体の統治でもない。先住民族の繁栄があり、北九州にも同様の国があったからである。『隋書』、『新唐書』、『宋書』などから北九州に大きな勢力があったとされ、そこの経済力がなくならないかぎり一定の政治組織があったのは当然である。「紀」には、東征が国全体のものとされず、北九州にあった国がなくなったとも記されていない。北九州の有力部族が東征していった。逆に言えば国全体の動きでないと考える。

また、「紀」の記事からすると、神武は三種の神器を持っていなかった。逆に、ニニギについては、アマテラスより三種の神器を保持するようにされている。

ここで言えることは、ニニギは首長であり、神武は有力武人であることである。ニニギの国が北九州に出現し、後代の有力部族が近畿に進出していったことになる。「紀」はこれを示している。

一九八四年に島根県の荒神谷遺跡から銅剣三五八本、銅矛が十六本、銅鐸が六個発見された。これについて、西からの侵入軍に敗れた者が、次の戦争に備えて地中に祭器を埋めたとするとつじつまが合う。

さらに高地性集落も各種の民族の東征を示す。

弥生後期に瀬戸内海の標高二〇〇～三〇〇メートル前後の高地に集落が現れる。これらの高地性集落は山口県、大阪府、和歌山県にかけての瀬戸内海沿岸と四国の愛媛県、香川県の島々に分布している。

集落の特徴として、

●瀬戸内海を見下ろす要衝の地である。
●石鏃や石槍などの戦闘用武器が大量に出土する。
●巨大な堀、土塁、見張所、のろし台などの遺構が多く見られる。
●軍事用の施設である。
その出現の時期について、
●弥生前期末――山口県、広島県、岡山県、大阪府にかけてまばらに点在した。
●弥生中期――西瀬戸内海から東瀬戸内海を経て畿内や紀伊水道一帯にかけて密度が高くなる。
●弥生後期――集落は東瀬戸内海から畿内を経て紀伊水道の東岸に限られる。
●奈良盆地にも作られるが、放棄されている。
ここから、高地性集落は西から東へと移動しているととれる。戦場が西から東へと移っていったから、つまり先住の部族と異なる部族が西から東へと侵入して戦争を引き起こしたからである――このように見ると理解できる。

神武東征以前にも先住民族の国またはそれに近いものがあり、繁栄していた。神武東征は列島の一部族の記録にすぎない。神武の前にも、九州と大和に先住民族の暮らしがあったのである。

4　東征時の地名

「記紀」より東征時の地名と見られるものを抽出する。

高千穂宮、日向、筑紫、豊国、宇沙、笠紫、岡田宮、阿岐国、多祁理宮、吉備、高島宮、速吸門、白肩津、登見、楯津、日下、紀国、熊野、吉野川、宇陀、訶夫羅前、忍坂、大室、久米、伊勢、伊那佐、畝火、白檮原宮、美和、高佐士野、狭井河、葦原中国（「記」）

日向国、豊葦原瑞穂国、速吸之門、筑紫国、宇佐、岡水門、安芸国、埃宮、吉備国、高島宮、難波崎、浪速国、浪花（難波）、河内国、草香村（日下村）、白肩津、竜田、生駒山、孔舎衛、茅渟、山城水門、亀山、紀国、名草邑、佐野、熊野、常世国、荒坂、宇陀、穿邑、吉野、高倉山、国見山、香具山、磯城、葛城、丹生、伊勢、忍坂、鳥見、埴安、橿原、腋上、嗛間、榛原、秋津洲（「紀」）

これらの大部分が現在でも比定できる。史実に基づいている証拠である。さらに、その道順も西から東へと東征したと見られる順路に沿って記録されている。

古代の大阪湾への進入場面では、次のように記される。

「その国より上り行でましし時、浪花の渡りを経て、青雲の白肩津に泊りたまひき。この時、登美のナガスネヒコ、軍を興して待ち向へて戦ひき。ここに御船に入れたる楯を取りて下り立ちたまひき。故、そこを名づけて楯津といひき今に日下の蓼津といふ」（「記」）

ここからは船団は青雲の白肩津に泊り、相手のナガスネヒコは海岸に対陣していたが、かまわず楯津（日下）に船を乗り入れているととれる。現在の状況は陸地であり、全く架空の記録に見えるが、弥生期には大阪湾の奥に河内湖があり、その東端の楯津は湖に面していたので、その記録は当時の状況とぴったりと符合する（古田武彦『日本古代新史』）。しかも進入箇所は湖の最奥で、侵略の最適場所と見られる。神武東征は弥生期の地形を正しく反映しており、東征は史実をもとにしていると言える。

速吸之門も現実を正しく反映している。

「その国（吉備）より上りいでましし時、亀の甲に乗りて釣しつつ打ちはぶき来る人、速吸門にあひき。ここに呼びよせて『汝は誰ぞ』と問ひたまへば、『僕は国つ神ぞ』と答へもをしき。また『汝は海道を知れりや』と問ひたまへば『能く知れり』と答へもをしき。また『みともに仕へ奉らむや』と問ひたまへば『仕へ奉らむ』と答へもをしき。故ここに槁機を指し渡して、その御船に引き入れてすなわち、槁根津日子と名づけたまひき」（「記」）

速吸門を豊与海峡とするならば、十分な準備をして出発した神武が吉備のあとで通ることもなく案内人も要しない。同様にして明石海峡では案内人を必要としない。すると神武が通過したのは警戒の厳しい明石海峡でなく、通常では通過の困難な鳴門海峡と見られる。潮の流れが激しく、案内がなくては通過できない。そのことが大事な事件であったので記録したのである。

5　東征と建国の実態

(a)　神武天皇の生まれ

父－ウガヤフキアエズ

母－タマヨリヒメ

その子供として、五瀬命、稲氷命、御毛沼命、若御毛沼命（四男、のちの神武）がいる（図11参照）。生まれた場所として、ニニギとの関連が深く、日向、高千穂などの地名から脊振山地である。なお、宮崎県の日向とする説もあるが、日向の地名からの類推であり正しくない。

脊振山系の南側の遺跡として吉野ケ里があり、それ以外に多くのクニがあったことが確認されている。「遺跡の分布状況や『郡』の状況などを参考にすると佐賀平野は基肄、養父、三根、神埼、小城、佐嘉、杵島の各郡に相当する七つのクニからなると考えられる」（寺沢薫『王権誕生』）

このクニと神武の活動を直接結びつけるものはないが、早い時期から開け、神武の居住地の一つの傍証

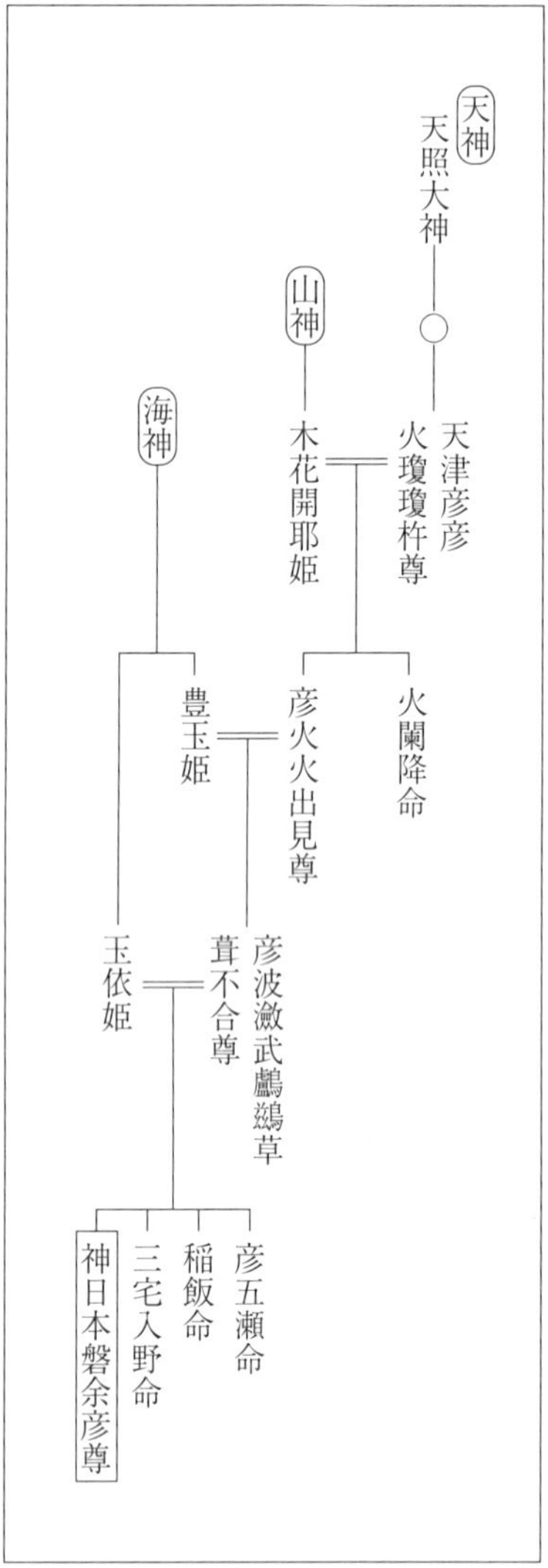

図11　神武をめぐる神々の系図
（出典：遠山美都男『天皇誕生――日本書紀が描いた王朝交替』）

となる。

小城平野の武雄市には柄崎《つかさき》神社があり、神武天皇が祭られている。

ニニギは「西のはずれの日向」を治めたとあり、高天原と見られる甘木・朝倉から西方にあり、小城平野には三日月・甘木があり、ウガヤフキアエズは西州の宮で亡くなったとされ、位置関係が一致する。陵についても吾平《あひら》山上とある。

このことについて『新唐書』（「日本伝」）で言う。

「其の王の姓、阿毎氏、自ら初主といい、天の御中主と号し、彦瀲《ひこなぎさ》に至る。凡そ三十二世、皆尊を以て号となし、筑紫城に居す。

彦瀲の子、神武立ち、更に天皇を以て号と為し、徙りて大和州に治す」

これは神武の出自が北九州であり、大和に進出したと明記している。

(b)　東征の行程

東征の動機として、塩土の翁に聞くと東の方に良い土地があり、大業を広め天下を治めるのに良いとして出発する。この時、すでにニギハヤが東征していた。

四十五歳の時、兄の五瀬命とともに出発する。その行動は地方豪族の個人的なもので、国全体の東征や東遷に見えない。「紀」は述べる。

「東の方に良い土地があり、青い山が取り巻いている。その中に天の磐舟に乗ってきた者がある。思うにその土地は大業を広め、天下を治めるのに良いであろう。きっとこの国の中心地だろう。その飛び降ってきた者はニギハヤという者であろう。そこに行って都をつくるにかぎる」

主要な行程を示す。

- 豊国の宇沙
- 筑紫の岡田宮（一年滞在）
- 阿岐の多祁理宮（七年滞在）
- 吉備の高島宮（八年滞在）
- 速吸之門
- 浪速の渡り
- 青雲の白肩津（ナガスネヒコと戦い敗退。兄の五瀬命は矢を受ける）
- 南方（河内湖の北部の南方より脱出）
- 血沼海（五瀬命の手の血を洗った）

●紀の国の男の水門（五瀬命死亡。亀山に埋葬した）
●熊野村（紀の川をさかのぼらずに大きく回って熊野川から進入）
●吉野川の上流（難路の道案内人として八咫烏〔大きな鳥〕と進む）
●宇陀《うだ》（兄宇迦《えうか》、弟宇迦《おとうか》を討つ）
●忍坂の大室（土雲八十建を討つ）
●伊那佐の山（ニギハヤは神武の王即位を受け入れ、それまで自分に仕えてきたナガスネヒコを討つ。
ニギハヤは物部氏の祖となる）
●畝火（宮を築いて即位。実質的東征開始後、六年とされる）

次のことが言える。

●東征にあたり、神武は当時、北九州にあった邪馬台国と打ち合せをすることなく、兄など身内の人々との話し合いの後に出発している。つまり、国全体の東征、東遷でなかった。したがって邪馬台国の東遷はなかったと見る。
●筑紫、阿岐、吉備などで長期滞在しているのは、当地域の援助を求めていたものである。
●当時大和にはニギハヤ以外にも先住民族がいた。神武は大和川や紀の川をさかのぼらず、紀伊半島を大きく回って熊野川から進入している。不法な侵入や侵略であり、先住民の激しい抵抗を招いていた。その最大のものがナガスネヒコであった。それらの先住民が神武より劣った民族であるわけではない。

(c)　抵抗した先住民族

①　ナガスネヒコ

川をさかのぼり、河内の草香村の青雲の白肩津に着いた時、ナガスネヒコは自国を侵略する者として孔舎衛坂《くさえざか》で迎え討った。神武の兄の五瀬命は矢を受け、南方を経て大阪湾に逃れたが、のちに亡くなった。

② 名草邑では名草戸畔《なぐさとべ》という女賊を誅した。

③ 熊野の荒坂の津では丹敷戸畔《にしきとべ》という女賊を討った。

④ 兄猾《えうかし》を殺す。

⑤ 国見岳では八十建《やそたける》を討った。

⑥ 自分に従わない兄磯城《えしき》をはさみ討ちにした。

⑦ 再度ナガスネヒコと対決した。ナガスネヒコは、自分はニギハヤに仕えているので神武に仕えられないとした。天《あま》の羽羽《はは》矢《や》を示したが同意しない。逆にニギハヤはナガスネヒコを殺して、自分は神武に帰順した。

⑧ 三カ所の土賊を皆殺しにした。

⑨ 高尾張邑の土ぐも族を殺した。

こうして神武は橿原で統治の宣言をした。

「故、かく荒ぶる神どもを言向け平和し、伏《まつろ》はむ人どもを退け撥《はら》ひて、畝火の白檮原の宮に座して、天の下治らしきなり」（「記」）

この東征には次のことがあった。

① 「記紀」の記録からは北九州にあった王国全体の東遷でない。一部族の東征である。

② 徹底した武力と戦争によって先住民族を滅ぼしていった。神武が侵略していった。

③　即位前後の拠点地は奈良県の一地域にとどまり、その大きさは当時あったと見られる北九州連合国の領域の規模を超えない。神武は東征後、大和に一地方政権を築いたと見られる。侵入は武力と殺しによった。近畿には銅鐸を祭器とする先住民族がいたと見られ、神武はそれらを破壊し、殺し、一地方政権を築いた。それが列島全体の建国でない。その建国の規模も小さい。また、神武による国の東遷もなかったのである。

6　初期天皇の活動領域

五代までの初期天皇の近畿における活動関連地、拠点地、陵所在地を「記紀」より抽出する（表9）。奈良市の南部の一地域で活動し、拠点地および陵についても同様である。時代が経過して王寺や奈良市方面に広がるが、それも大きな領域を占めていない。

その領域は当時あった北九州連合国のものを上回るものでない。少なくとも、二つの地域に拠点地を持つ王国が存在したことになる。

初期天皇の活動関連地（「記紀」による）

〈神武〉

浪速、青雲の白肩津、登美、楯津、日下、蓼津、血沼海、紀国、亀山、熊野村、葦原中国、吉野河、宇陀、珂夫羅前、忍坂、大室、伊勢、伊那佐、畝火、白檮原宮、日向、美和、高佐士野、狭井河（「記」）

浪花、難波、河内国、日下村、白肩津、九舎衛坂、茅渟、山城水門、亀山、名草邑、佐野、熊野、天磐楯、常世国、葦原中国、宇陀、穿邑、高倉山、国見岳、香具山、磯城、葛城邑、丹生、忍坂、墨坂、葛城、埴安、橿原、秋津州、榛原、腋上（「紀」）
〈綏靖〉
葛城、高岡宮、衝田岡（「記」）
片丘、大室、葛城、畝火山（「紀」）
〈安寧〉
片塩、浮穴宮、淡道、御井宮、畝火山（「記」）
桃花鳥田丘、片塩、浮穴宮（「紀」）
〈懿徳〉
軽の境岡宮、畝火山、真名子谷（「記」）
畝火山、井上陵、軽の地、曲峡宮（「紀」）
〈孝昭〉
葛城、掖上宮、博多山（「記」）
畝火山、掖上、池心宮（「紀」）

表9　初期天皇拠点地および陵所在地

代	天皇名	拠点地	陵所在地
1	神武	畝火の白檮原宮 畝火の橿原宮	畝火山の北の方の（「記」） 白檮の尾の上（「紀」） 畝火山の東北の陵（「紀」）
2	綏靖	葛城の高岡宮 葛城の高丘宮	衝田岡（「記」） 桃花鳥田丘上陵（「紀」）
3	安寧	片塩の浮穴宮 片塩の浮穴宮	畝火山の御陰（「記」） 畝火山の御陰井上陵（「紀」）
4	懿徳	軽の境岡宮 軽の曲峡宮	畝火山の真名子谷の上（「記」） 畝火山の真名子谷の上（「紀」）
5	孝昭	葛城の掖上宮 掖上の池心宮	掖上の博多山の上（「記」） 掖上の博多山上陵（「紀」）

五　神功皇后期の朝鮮出兵

神功皇后は「紀」によると二世紀末の人と見られるが、その年代は信じられず、古代首長即位年推定表（前掲表4、66ページ）により四世紀末から五世紀初の人と推定される。

朝鮮半島での動きが多いが、その記事の真実性を吟味する必要がある。「紀」より例を見る。

冬十月三日、鰐浦から出発された。その時、風の神は風を起こし、波の神は波をあげて、海中の大魚は全て浮かんで船を助けた。風は順風が吹き、帆船は波に送られた。舵や楫を使わないで新羅に着いた。その時、船を乗せた波が国の中にまで及んだ。これは天神地祇がお助けになっているらしい。新羅の王は戦慄して、なすすべを知らなかった。多くの人を集めて言うのに、「新羅の建国以来、かつて海水が国の中にまで上がってきたことは聞かない。天運が尽きて、国が海となるのかも知れない」と。その言葉も終わらない中に、軍船海に満ち、旗は日に輝き、鼓笛の音は山川に響いた。新羅の王ははるかに眺めて、思いの外の強兵がわが国を滅ぼそうとしていると恐れ迷った。やっと気がついて言うのに「東に神の国があり、日本というそうだ。聖王があり天皇という。きっとその国の神兵だろう。とても兵を挙げて戦うことはできない」と。白旗をあげて降伏し、白い綬を首にかけて自ら捕われた。地図や戸籍は封印して差出した。

ほとんど信じられない内容である。自国を神の国として、新羅に侵攻している。

四世紀中頃、倭は比較的弱い新羅に対して侵攻し、攪乱しており、同時に対立する高句麗、新羅、百済に対しては比較的強い百済と結んだ。その倭が近畿のものとすることにも疑義が生ずる。

1　七国平定

神功皇后の四十九年（己巳年、三六九年）の七国平定について見る。「紀」は記す。

四十九年三月、荒田別《あらたわけ》と鹿我別《かがわけ》を将軍とした。久氐《くてい》らと共に兵を整えて卓淳《とくじゅん》国に至り、まさに新羅を襲おうとした。その時ある人が言うのに、「兵が少なくては新羅を破ることはできぬ。沙白《さはく》、蓋盧《かふろ》を送って増兵を請え」と。

共に卓淳国に集まり新羅を打ち破った。そして比自㶱、南加羅、㖨国、安羅、多羅、卓淳、加羅の七カ国を平定した。兵を移して西方古奚津に至り、南蛮の耽羅を滅ぼして百済に与えた。百済王の肖古と息子の貴須はまた兵を率いてやって来た。比利、辟中、布弥支、半古の四つの邑が自然に降伏した。こうして百済王父子と荒田別、木羅斤資らは共に意流村で一緒になり、相見て喜んだ。礼を厚くして送った。

千熊長彦と百済王とは百済国に行き、辟支山に登って盟《ちか》い、また古沙山に登り、共に磐石の上に居り、百済王が誓いを立てて言うのに、「もし草を敷いて座れば、草はいつか火に焼かれるかも知れない。木をとって座とすれば、いつか水のために流されるかも知れない。それで磐石の上に居て誓うことは永遠に朽ちないということである。それだから今から後千秋万歳に絶えることはないでしょう。常に西蕃と称えて、春秋に朝貢しましょう」と。千熊長彦をつれて都に至り、厚く礼遇した。そして久氐らをつき添わせて送った。


この年が三六九年の事実と確定したわけではない。しかし、三六九年として考える。四世紀中頃から新羅との関係は急速に悪化していた。『三国史記』から引用する。

三四五年　倭王が文書を送って国交を断絶した。

三四六年　倭兵は突然風島に至り、辺境地帯を掠め犯した。
三六四年　倭兵が大勢やって来た。〔略〕倭人は衆を頼んでやって来たが、伏兵にあって不意打ちを食わされ、倭人はさんざんに敗走し、追撃されてほとんど殺し尽くされてしまった。

次のことが言える。

●七国平定の重大な事実が朝鮮側の史料に反映されていない。作り話であることも疑われる。
●記事の内容として、倭軍が卓淳に集結して新羅を破った。これによって七国を平定した。再度兵を西に移動して古奚津に回り、耽羅を百済に与えたら、百済の王らが軍を率いて会合している間に四邑が自然に降服したとする。しかし、前後の記事が理解し得ない。新羅を討った話がいつの間にか七国平定になっている。耽羅を百済に与えるのもおかしい。また、古奚津と耽羅が比定できない。百済と伽耶の関係が「紀」の作者によって大和を主体とする記事に創作された（尹錫暁『伽耶国と倭地』）。または全くの創作も疑われる。
●卓淳国が七国の中に入っているのはおかしい。卓淳国は倭国と通商していた国である。「紀」に「（神功四十六年）斯摩宿禰《しまのすくね》を卓淳国に遣わした」とあり、この部分で卓淳国との通商が理解できる。
●七国、四邑とも倭の領土になっていなかった。それぞれの国がその国益を考えて百済の保護を求めたとするときわめて自然である。これを「紀」が引用した。
●戦いによって得た土地を他国に与えること自体考えにくい。
●近畿王国が遠方に遠征して他国を侵略する状況にない。それだけの政治体制が確立していなかった。また、実施する理由もない。

倭と新羅、百済、伽耶の記事をアレンジして記録した。その倭も海峡の両側にあったと考える。

2　七支刀銘文

倭王権は建国間もない百済と国交を樹立して軍事同盟を結ぶ。その一つの史料として石上神宮《いそのかみ》の七支刀があるとされている。

初めに銘文の表裏を示す。

〔表〕泰和四年五月十六日丙午正陽造百練鉄七支刀□辟百兵宜供供侯王□□□□□

（大意＝泰和《たいわ》〔太和〕四年〔三六九〕五月十六日丙午《ひのえうま》の正午に、よく鍛《きた》えた鉄で七支刀を造った。この刀は多くの災厄《さいやく》を辟《さ》けることができ、侯王がもつにふさわしい。……）

〔裏〕先世以来未有此刀百済王世子奇生聖音故為倭王旨造伝示後世

（大意＝先世以来、このようなりっぱな刀はなかったが、百済王の世子《せし》〔太子〕奇生《きしょう》〔貴須王か〕が、倭王のためにわざわざ造ったものである。後世まで伝え示されたい）

（熊谷公男『大王から天皇へ』）

銘文のとり方の通説は、泰和（太和）四年に造られた七支刀を百済王世子（太子）が倭王に贈ったとする。

また、「紀」にもこの記事があるとする。

「五十二年秋九月十日、久氐（百済の臣）らは千熊長彦に従ってやって来た。そして七枝刀一口、七子鏡一面および種々の重宝を奉った。

これ以後、百済は毎年朝貢するようになった」

(a)　年代

この七支刀は百済王が泰和（太和）四（三六九）年、倭王（大和王国の天皇とする）に献納するため作ったものである。「紀」の記事との関係については、神功五十二年は二五二年にあたるが、一二〇年繰り下げて（「紀」などは干支二回り古く記載されているとして推定）三七二年になり、ほぼ同時期なので史実とする。

しかし、すでに見たように神功の時代が四世紀末なのかは確定できない。四世紀と推定されるのみである。実際になされていることは、神功紀五十二年の献刀と年代上の矛盾をなくすため、東晋の年号太和四（三六九）年に合わせているのみである。神功五十二年も泰和四年も正確な年代は不明である。

泰和は太和でない。そして、太和については三、四、五世紀において少なくとも五つの年号があり、特定できない。

(b)　銘文からの両国の関係

刀を贈った者　　百済王世子

刀を贈られた者　倭王の侯王

そして、刀は百済王世子が倭国との外交関係の成立を記念して贈った。ここで「宜供供侯王」は侯王または侯王以下の者に対する吉祥語である。侯王であればその地位を祝い、侯王でなければ侯王になることを祈った。

少なくとも次が言える。下位者が上位者に贈ったものでない。逆に上位の者が下位の者に刀を下賜したともとれる。この銘文から両国の外交上の上下を確定できない。言い方を変えると、百済が朝貢関係にあったとか、百済が部下の倭王に下賜したかを確定できない。確認できるのは両国の外交関係である。四世紀半頃、百済の力は強く、百済は全力をあげて高句麗と戦い、そのため朝鮮半島の南部および北九州に大きな力のあった倭国との対立は避ける必要があり、倭国と外交関係を結んだ。倭国としては、新羅と対立しており、百済との結びつきを強める必要があった。

(c)　百済の朝貢

倭国と百済の関係として朝貢と記されている。併せて新羅との関係を示す。

四十六年、使いを卓淳国に遣わした時、「百済王は東の方に日本という貴い国があることを聞いて、吾々に道を教えてくれれば、わが王は君を徳とするでしょう」と言っている。

四十七年、百済王は使いを遣わして朝貢した。皇太后は大いに喜んだ。

四十九年、新羅を再征し、七国を平定した。その後、同盟を結び、百済は朝貢した。

五十一年、百済王は久氏らを遣わし朝貢した。

五十二年、久氏らがやって来て七枝刀一刀、七子鏡一面などを奉った。

六十二年、新羅が朝貢しなかったので、人を遣わし、新羅を討たせた。

この時代の関係は新羅を討ち、百済との朝貢関係があったとする。しかし、これについては次のことが言える。
●最初に使節を遣わしたのは倭国である。四十六年に使いを卓淳国に遣わしている。「紀」の記録を細かく見れば、これが百済との外交樹立ととれる。外交樹立後、すぐに帰国するだけでなく、直後に百済王が久氏らを派遣しているからである。神功は大いに喜び、「先王の望んでいた国の人々が今やって来られた。在世にならなくて残念であった」と率直に外交樹立を祝っている。

●七支刀銘文で見たように、両国の関係は朝貢でない。対等の関係と見られる。倭国側とすれば新羅との対立もあり、強国百済との同盟を求めた。百済とすれば高句麗と対立し、となりの新羅とも同様な関係にあったから、南朝鮮に大きな力を持っていた倭国との通交を求めた。

●この倭国が近畿政権であると実証できない。近畿が大きな力を持つのは応神の東征後であるからである。三世紀の倭国の状況から北九州に根拠地を持っていた倭国との関係と見られる。その関係も倭国に対して朝貢する理由が見当たらない。

3　広開土王碑からの倭の動向

四世紀前半において朝鮮半島における覇権争いは主として高句麗と百済との間でなされ、新羅の力は弱く、倭はその新羅に侵攻することが多かった。しかし、三九二年、高句麗の広開土王（好太王）が連続して百済の十余城を落としてから、新たな段階を迎えていた。さらに三九六年、王は百済を討伐し、五十八城を落として百済に決定的な打撃を与えた。

この時期の高句麗、百済、新羅、倭などの動きを広開土王碑および『三国史記』（「史」と略す）などから見る（ここでの訳は藤田友治氏による）。

三九一年

「百済新羅旧是属民由来朝貢而倭以辛卯年来渡海破百残□□□羅以為臣民」（広開土王碑）

三九一年（新羅の奈勿王三十六年）
「倭王使を遣わす、来朝して曰く、わが君は大王の神聖なることを聞きて、使臣等をして以て百済の罪を大王に告げさせる。願わくば大王は一人の王子を遣わして誠心をわが君に表わしたまえと、ここにおいて王は第三子美海をつかわしむ」（『三国遺事』）
三九三年
「倭人来たりて金城を囲む。五日になるも解かず〔略〕賊功無くして退く。王先ず勇騎二百を遣わしてその帰路をさえぎらしめ、又卒一千を遣わして独山に追わしむ。夾撃して大いにこれを敗る。殺獲するもの甚だ衆し」（「史」）
三九九年
「（好太王は）平壌を巡下した。新羅の派遣した使者が王に言った。『倭人がその国境に満ち、城や池が破壊されて好太王の臣下である（新羅王を倭の）民となしたが、新羅王は（好太王に）帰順し、好太王の命を請いたい』と。好太王は慈悲をもって新羅王の忠誠を保護し、とくに新羅の使者に秘密の計画を告げて還らせた」（広開土王碑）
四〇〇年
「（好太王は）歩兵と騎兵の五万人を派遣し、新羅を救援した。男居城から新羅城に至るまで、倭人がその中に満ちていた。官軍が着くと、倭賊は退却しだした。倭を背後からはげしく追い、任那加羅の従抜城にまで至った。この城はたちまち帰服したので（新）羅人に守備させた。新羅城と塩城を抜き倭寇は大いに潰えた。城内の九割の（新羅人が）倭人に随うのを拒否し、（新）羅人に守備させた。残った倭人は潰え逃亡した」（広開土王碑）

四〇二年
「倭国と好を通じ、奈勿王の子、未斯欣を以て質となす」（「史」）
四〇四年
「倭は不正にも帯方界に侵入し、残（百済）の兵隊と和通して石城を（攻め）〔略〕船を連ねて〔略〕（好太）王は自ら軍を率いて討伐に行った。平壌から〔略〕先鋒隊が（敵と）遭遇し、（好太）王の幢のもとで軍は斬りまくり、倭寇は潰え敗れた。（倭兵は）斬り殺された者無数であった」（広開土王碑）
四〇七年
「（好太王は）歩兵と騎兵の五万人を派遣せしめて〔略〕王は四方から包囲する戦略をとった。敵軍はおびただしく斬り殺された。我軍は鎧甲一万余を獲、軍用物資と兵器も数えきれないほど得た。帰順する（途上）において沙溝城・婁城・牛田城、□城、□□□□□□城（を得た）」

（広開土王碑）

これを順に見ていく。

三九一年頃から倭が高句麗の方へ来ていた当時、高句麗の力が強く、百済や新羅を臣民としていた。倭は百済、高句麗に介入しなかった。

倭人の主要な侵攻の対象は力の弱い新羅であった。三九一年の『三国遺事』の記事では、倭は新羅をおどして王の子を人質にしている。また、四〇二年の「史」によると、新羅は倭国と通じ、王の子未斯欣を人質に出している。

さらに三九三年には新羅の金城を囲み、五日間も包囲したが、功なく退いた。新羅の王はこれを追って多くの兵を殺した。

これらの記事から、この時期に倭人は高句麗と百済の戦争を利用しながら、新羅に激しく侵攻していた。城を囲み、人質をとっている。しかし、高句麗と百済の戦争にはほとんど介入しなかった。倭は常勝でもなかった。

倭人側について三九九年以前では次のことがあった。

●百済と積極的に関係を結んだのは倭人側であった。百済から見れば倭の態度は明らかでない部分があり、倭の力も大きくなかったからである。

●三国争いに乗じて先進的文物や労働力の確保を主体としたもので、長期的な占領を目的としていない。

●その行動は当初百済と高句麗にとって大きな脅威でなかった。

この状勢が大きく変わったのは三九九年であった。新羅の国境に倭人が満ち溢れ、新羅は高句麗に救いを求めた。朝鮮半島南半部と北九州にいた倭人が大量に押しかけたのである。

四〇〇年、広開土王は歩兵と騎兵とを合わせて五万を新羅の国境に派遣した。絶対的に優勢な高句麗軍は倭人を破り、倭人は退却し、残った倭人はちりぢりになった。

ここから倭人と高句麗との直接的軍事対抗が開始された。倭人は新羅侵攻の最大の障害が新羅そのものでなく、高句麗だと気づいたからである。

四年後の四〇四年、倭人は主動的に出撃して高句麗の帯方地方まで突入した。ここで「和通残兵」とあるので、倭と百済とが連合して侵攻した。この戦いで倭と百済は敗れた。好太王の軍は斬りまくり、倭は殺された者多数であった。

同じ頃、倭と新羅の関係に変化が起きた。倭人は新羅への侵攻を続けていたが、その動きは小さくなった。倭が敗けることも生じていた。
四〇五年　倭人来たりて明活城を攻め勝たずして帰る。（「史」）
四〇七年　倭人が東の辺境を侵す。夏六月、南の辺境を侵し、百人を奪掠せり。（「史」）
四〇八年　倭人が対馬に兵営を置き、（新羅を）襲わんことを謀る。（「史」）
四一五年　倭人と風島に戦い、これに克つ。（「史」）
さて、倭と百済との軍事同盟が強化された。
四〇七年、広開土王は百済が倭と結んだために五万の大軍を送って再度、百済と倭を決定的に破った。百済の城は数多く落とされ、数えきれないほどの軍用物資を奪われた。こうして倭人は四〇〇年、四〇四年、四〇七年と敗れたのである。
この後の大きな動きとして次がある。
●百済と倭との軍事同盟が強化された。共通の敵・高句麗に対抗するためである。
●倭の動きとして、朝鮮半島だけでなく、近畿への進出が強まった。
●朝鮮半島からの移民が増大し、同時に進んだ鉄器技術が導入された。

ここで改めて広開土王碑文を考える。

三九一年の記述について次のように読むとする説がある。

「百済新羅は旧是れ（高句麗の）属民にして由来朝貢す。しかるに倭は辛卯の年を以て海を来渡し、百残、□□□羅を破り以て臣民となす」

ここで、「来渡海」を「海を来渡し」として読むことは漢文の性質上できない。辛卯の年（三九一年）

に倭が来たのであり、海を渡って百済、新羅を臣民としたのは高句麗である。

碑文は息子の長寿王が父の業績を碑文としたもので、倭の大きな行動を改めて記すのは政治的視点から考えにくい。

朝鮮半島の史料において新羅、百済が倭の臣民となっていたことを実証するものはない。倭の侵攻は新羅主体であり、短期であり、文物を掠奪したり、住民の一部を奪っているのみである。一時的、季節的侵攻ととれる。

倭の拠点地として、三九九年において「倭人満其国境、潰破城池」とあるので、新羅の国境に倭人が満ちていたとする。さらに四〇〇年には「征救新羅、従男居城至新羅城、倭満其中」（男居城から新羅城まで倭人が満ちていた）とある。

ここから言えることは、倭は朝鮮半島の南半部または北九州にいた事実である。そうでなければ新羅と国境を接していたり、城と城の間に倭人が満ちていたり、度重なる新羅への侵攻が説明できない。『魏志』（「韓伝」）に、倭地が朝鮮半島の南部にあったことが記されている（沈仁安『中国からみた日本の古代』あとがき）。

さらにその倭が近畿のものであるとするのは困難である。

- 四世紀末、近畿には確固とした王権が成立していなかった。また、大型の古墳を築造しつつ朝鮮半島にまで大軍を派遣することはより困難である。
- 近畿から大軍を送る経済的理由がない。
- 大軍（五千～一万人）を送る帆船の造船技術は確立していない。当時の舟は手漕ぎのもので、まだ大型の帆船は開発されていなかった。「史」によると、倭は四～五世紀にたびたび新羅を侵攻しているが、一時的または海賊的なものが多い。高句麗との対戦で五万の軍に対抗するには、少なくとも五千～一万人の軍が必要になる。一隻二十五人として二百～四百隻必要になる。この軍は海峡の両岸から出撃したと見るのが穏当である。

●朝鮮半島に進出する政治的要因が乏しい。

なお、三九一年の記述については、別の読み方として、これを碑文中の前置き文として「以～来」を「このかた」とする説がある（熊谷・前掲書）。

「倭、辛卯の年よりこのかた、海を渡りて百済を破り、新羅を□□し、以て臣民となす」

これは文法的に誤りであり、その意味とするには「以来」と字を続ける必要がある。全体の読み方もすでに述べた理由によりできない。

倭の大きな侵攻や新羅・百済を臣民としていたことを高句麗の王が碑文にすること自体、不自然である。あとの部分でも、倭について倭寇、倭賊など独特な表現で記入しているので、国としての正式な軍ととれない。

したがって、ここでの読み方として、

「百済新羅は旧、是れ（高句麗の）属民にして由来朝貢す。而るに倭は辛卯の年を以て来る。（高句麗は）海を渡って百残、□□、□羅を破り、以て臣民となす」

とすれば、碑文のつながりも他の史料との矛盾が生じない。直前の「史」の記録にも合致する。

4　朝鮮半島出兵の主体

朝鮮半島への侵攻の主体は、半島南部か北九州にいた倭人であった。その多くの動機は新文化の導入や労働力の確保であったと考える。

次の状況があった。

●四世紀末、近畿には強固な統一国家が成立していなかった。大和（奈良）、河内（大阪）での王権が推定されるが、それが九州をも含む統一国家を形成していたわけではない。巨大古墳からの統一を言えない。

●倭＝日本人＝大和政権でない。当時、日本という統一的名称はなかったし、倭が列島だけにいたわけではない。

●北九州王国は近畿と独立しており、対外的動きも独自にしていた。

●四世紀末、近畿に本格的な鉄器技術は導入されていなかった。鉄の大量生産がなされず、酸化鉄の生産であった（尹・前掲書）。

●大型帆船の造船技術は開発されていなかったので、大量（五千人以上）の軍を朝鮮半島まで運び得ない。古代船の大体の大きさは全長二五メートル、幅三メートルほどで、一船当たりの乗員は二五〜三〇名。これに食料、武器を積むと身動きできない。そのうえ重要なことは、本格的な帆船が開発されていなかったので、五千人を運ぶとしても二百隻も要するのである。仁徳の十七年に新羅との通交に八十隻の記事があるが、二百隻はきわめて大量で、準備できにくい。

●応神朝の遺跡からは馬具の出現が多い。これは朝鮮半島での戦いを避けた人々が五世紀に列島に伝えたと見るのが自然である。逆に言えば、応神朝の王は四世紀末半島に進出していなかった。

●鉄生産、帆船、馬具などが不十分な状態で、大和から朝鮮半島までの長距離遠征をなし得ない。

広開土王碑の「倭」の主体についても、史料から次のことが言える。

広開土王碑の倭は、「倭人伝」の倭を何のことわりもなく「倭」として何回も使っている。先行の史料の倭を再定義する必要がなかったからである。「史」も同様で、倭国の統一もその主体の大きな変更（倭が近畿から派遣されたことなど）を述べていない。これは五世紀の「宋書」からも言え、倭の重大な政治変更を述べていない。

倭＝近畿王国でない。その史料および政治状勢から見て、倭は海峡の両側にいたと見なければ説明がつかない。

六　応神の東征

1　応神の年代

応神の即位年代は「紀」によると二七〇〜三一〇年。古代首長即位年推定表（66ページ）によると、即位年は三九六年、四二五年、四二〇年である。また、二七〇年を一二〇年繰り下げると即位推定年は三九〇年となり、この推定年に近い。そこで五世紀初の即位と見る。

四〇四年、四〇七年、倭は高句麗に大敗した。このため、倭と百済の同盟は強化されるだけでなく、倭国の一部はその進出の方向を近畿にした。

「史」によると、百済と倭の関係として次がある。

四〇二年　使を倭国に遣わして大珠を求めしむ。

四〇三年　倭国の使者至る。王はこれをねぎらい、厚く遇した。

四〇九年　倭国、使を遣わして夜明珠を送る。王は優礼してこれをあしらう。

四一八年　使を倭国に遣わし、白綿十匹を送る。

一方、応神天皇の「紀」の年代について一二〇年繰り下げて考えると、
応神十四（四〇三）年　百済王縫衣工女を貢る。

応神十五（四〇四）年　百済王が阿直岐を遣わして良馬二匹を貢る。

応神十六（四〇五）年　王仁来けり。

となり、百済と倭の動きが対応している。

倭国は朝鮮半島での敗戦を受けて百済との同盟を強化し、近畿への進出を目指した。それが応神である。応神の即位を五世紀初めとすると、「紀」と朝鮮半島の史料とがほぼ対応する。近畿での王権を確立し、百済と通商したと見る。ただし、近畿への進出で北九州にあった倭国がなくなったわけではない。

2　応神天皇の出自

応神を新王朝の始祖とするものに水野学説があり、その出身を北九州とする。
①　神功皇后の物語で崇神王朝を倒し、新しい王権を建てた。
●応神は北九州の宇美で生まれた。
●神功と大和にのぼった時、香坂《かごさか》、忍熊《おしくま》の二王が迎え撃ったが、これを破った。
②　応神の父、仲哀は熊襲を討とうとして陣中で亡くなっている。熊襲は狗奴国の後身で邪馬台国と争い、一度その勢力をくじかれたが、邪馬台国の衰退により北九州に大きな勢力となり、その一部が近畿に

進出して崇神王朝を倒した。応神は狗奴国王の後身である。

③　この狗奴国はさかのぼればツングース族で、早い時期に九州に侵入したとする。応神王朝には朝鮮の王号と通ずる王の名がある。

その系図について各種あるが、大和王国とのつながりが薄い（沈・前掲書）。

景行→倭建命—仲哀
　　　　　　×　→応神→仁徳
　　　　　神功

景行→五百木之入日子命—品陀真若王→中日売
　　　　　　　　　　　　　　　　×　→仁徳
　　　　　　　　　　　　　　応神

垂仁→高城入姫
　　　×
景行→応神
　　　×　→仁徳
　　仲媛

この中でも井上光貞氏は、景行－五百木之入日子－品陀真若王－中日売とつながり、応神はよそから来て中日売を娶《めと》って皇位に就いたとする。先行王朝とのつながりが薄い。

大和国の天皇の多くの別名に「イリ」が付くのに対して、応神天皇系は応神＝ホムダワケ、履中＝イザホワケ、反正＝ミヅハワケのように「ワケ」と称され、系統の異なる王である。

「紀」によると、応神は「仲哀九年、筑紫の蚊田で生まれた」、「生まれられた時、腕の上に盛り上がった肉があった。その形がちょうど鞆（弓を射た時、反動で弦が左ひじに当たるのを防ぐ革の防具）のようであった。これは皇太后が男装して鞆をつけたのと似ていた」とある。

これらから言えることは、応神が大陸の影響を強く受けた王で、その出身は北九州であることである。直前の近畿王朝との血縁が薄い。ただし、近畿への進出で北九州にあった倭国がなくなったわけではない。

3　応神の進出

東征は血なまぐさい戦争によった。

香坂王と忍熊王は策謀をめぐらし、神功と応神を待ち構えた。二人の王は仲哀天皇のあと神功は幼帝を立てると見て、天皇のために陵を作るとして明石に行き、船団を作って淡路島に渡り、人々に武器を持たせて待った。香坂王は勢いのある猪に食われ、忍熊王はこれを恐れず、堅陣をしいて待ち構えた。神功と応神は分かれて進み、応神は南海から出て紀伊水門に入り、神功は海上で嵐に遭いながら進み、紀伊で合流した。前後四回にわたる戦いがあった。

●忍熊王が応神の船隊を攻めた。
●山代（または菟道）で双方応戦した。
●応神は逢坂で忍熊王軍を破った。
●応神は沙沙那美（狭々浪）で忍熊王軍を破った。

進出後の拠点地は河内に置いた。その理由を見る。

●応神は北九州から進出してきたので、上陸の到達点が河内・南摂津であった。それを支持した物部・大伴などの豪族の拠点地も近くにあった。
●大和には大和川流域において葛城、和珥《わに》、平群《へぐり》、巨勢《こせ》などの既存勢力があり、進出できなかった。それとの対立も生じた。

●大阪湾に面し、大和川の下流域にあり、瀬戸内海を通じての通商に最適の場所であった。百済と主に通交した。不足する経済力については朝鮮半島からの移民などの労働力と鉄器を活用して、河川や大阪湾の開発をしていった。

4 近畿地区での対立

応神天皇の本拠地は河内であるが、旧勢力の制御と監視のために大和にも拠点を置いた。応神は難波に大隅宮を建てると同時に大和にも軽島明宮を建てた。

このことについて、近畿地区の豪族の盟主権が近畿内部で移動したと考えるより、応神が北九州からの王であり、旧勢力と対立したからである。大型の古墳についても、旧勢力のものと類似のものを造成しているが、その規模は圧倒的に大きい。加えて大量の鉄器や馬具が埋納されているのは、従来の王と異なる者が北九州より進出して旧勢力を圧倒したのである。

(a) 官居

応神系のものは河内と大和に官居を置いている。大和のものも中心地になく、周辺に置いている。

〈天　皇〉	〈河内・難波〉	〈大　和〉
応神	大隅宮	軽島明宮
仁徳	高津宮	
履中		伊波礼若桜宮

反正・允恭　多治比柴垣宮
　遠つ飛鳥宮
安康・雄略・清寧　石上穴穂宮、長谷朝倉宮
顕宗　遠つ飛鳥宮
仁賢・武烈　石上広高宮、長谷列本宮

加えて大和に建てた官宮が中心地になく、そして応神系の天皇はほとんど全て河内に陵を持っている。旧勢力の監視のため大和に官居を置き、拠点地は河内であった。

(b)　古墳の移動

前方後円墳を中心とする古墳の状況（図12）を見ると、大和川の上流域、下流域、河内へと移っている（白石太一郎『古墳とその時代』）。これは、その盟主権が移ったのでなく、北九州からの王権が河内に成立し、次第に大和の王権を圧倒した。

〈三世紀後半～四世紀前半〉
大和古墳群（奈良盆地東南部）
柳本古墳群（天理市南部）
崇神天皇陵（二四二メートル）、景行天

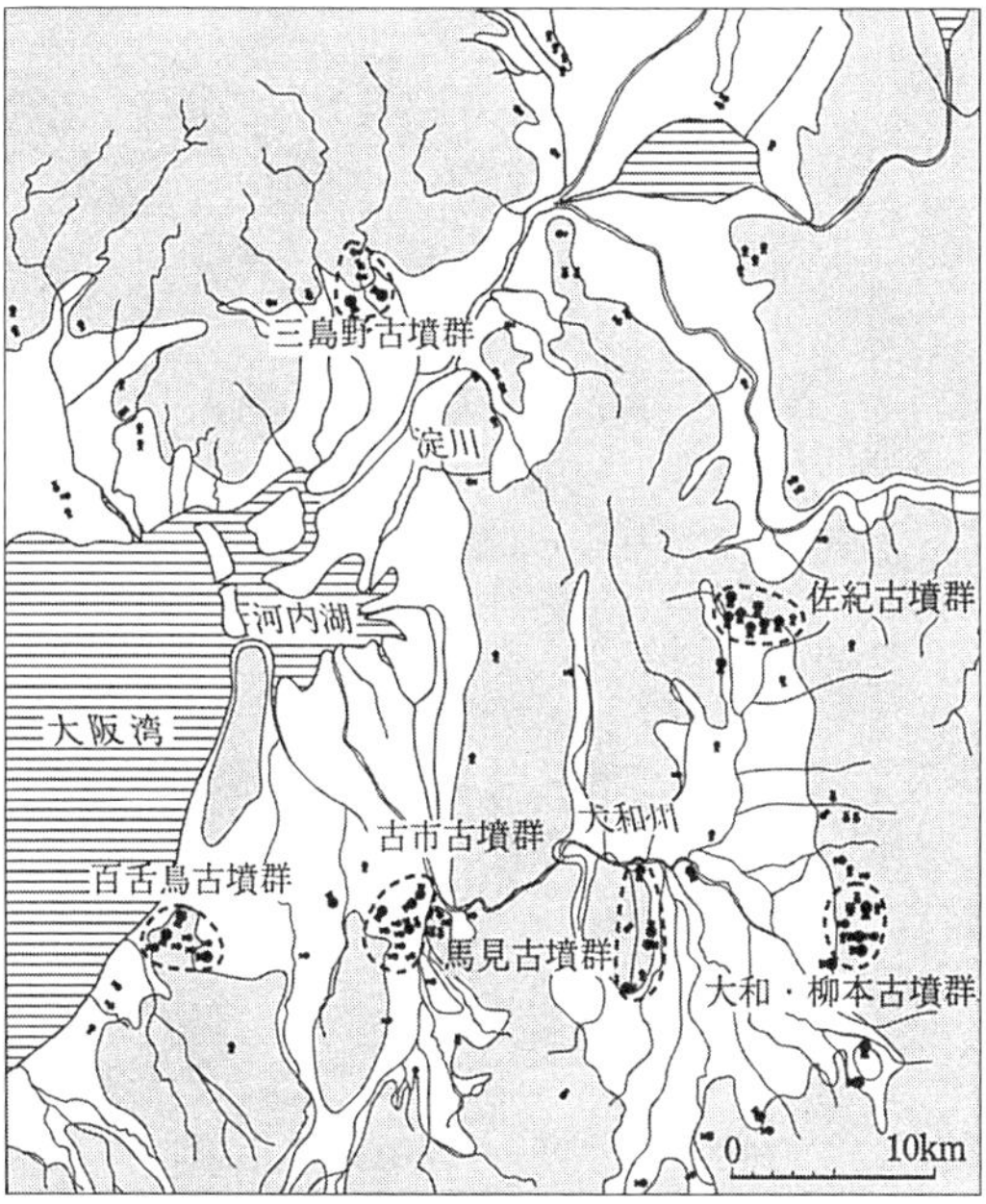

図12　近畿中央部における大型古墳の分布
（出典：白石太一郎『考古学と古代史の間』）

皇陵（三一〇メートル）などの大型前方後円墳中心。
〈四世紀中葉～後半〉
佐紀古墳群（奈良盆地北部）
　神功皇后陵（二七六メートル）などの大型前方後円墳がある。
〈四世紀末以降〉（大阪平野）
古市古墳群（羽曳野市、藤井寺市）
　応神天皇陵など超大型古墳がある。
百舌島古墳群（堺市）
　三基の超大型古墳がある。
これらの古墳群の主な陵を比較する。
　九代開化天皇陵　奈良市　一〇〇メートル
　十代崇神天皇陵　天理市　二四二メートル
十一代垂仁天皇陵　奈良市　二二七メートル
十二代景行天皇陵　天理市　三〇〇メートル
十三代成務天皇陵　奈良市　二一九メートル
十四代仲哀天皇陵　藤井寺市　二三五メートル
十五代応神天皇陵　羽曳野市　四一七メートル
十六代仁徳天皇陵　堺市　四八六メートル
十七代履中天皇陵　堺市　三六四メートル

（藤田友治他『古代天皇陵をめぐる』）

これを見ると仲哀天皇陵は奈良盆地を離れた大和川下流域にある。その後の応神、仁徳、履中については、時代が新しいだけでなく、奈良盆地を離れて大阪湾沿岸（堺市など）にある。そして古墳もより大型化している。

これの見方として、成務天皇までの天皇は奈良盆地に根拠地を持っており、新たに進出した応神の勢力に旧勢力がすぐに従ったとは考えにくい。相互の関係として対立が続いたが、応神はその大きな経済力を背景にして超大型の古墳を作り威圧し、相手を圧倒していった。

(c)　両地域の氏族

天皇を支える豪族の拠点地はわかりにくい。

しかし、簡略化すると、

摂津・河内……大伴、物部

大和……葛城、和珥、平群、巨勢

葛城、和珥などは応神の東征以前より大和地域に大きな力を持っており、既存の王を支えていた。これに対して応神は河内や南摂津の豪族の力を背景にした。

5　開発事業

応神が河内を根拠地にした理由として、旧勢力と離れ、朝鮮半島と交易しやすい立地条件にあり、加えて大和下流域、大阪湾沿岸および淀川下流部の荒地の開発が可能であった。そして荒地を農地にし得る技術力と労働力があった。朝鮮半島からの鉄器、馬、移民が具体的なものであった。

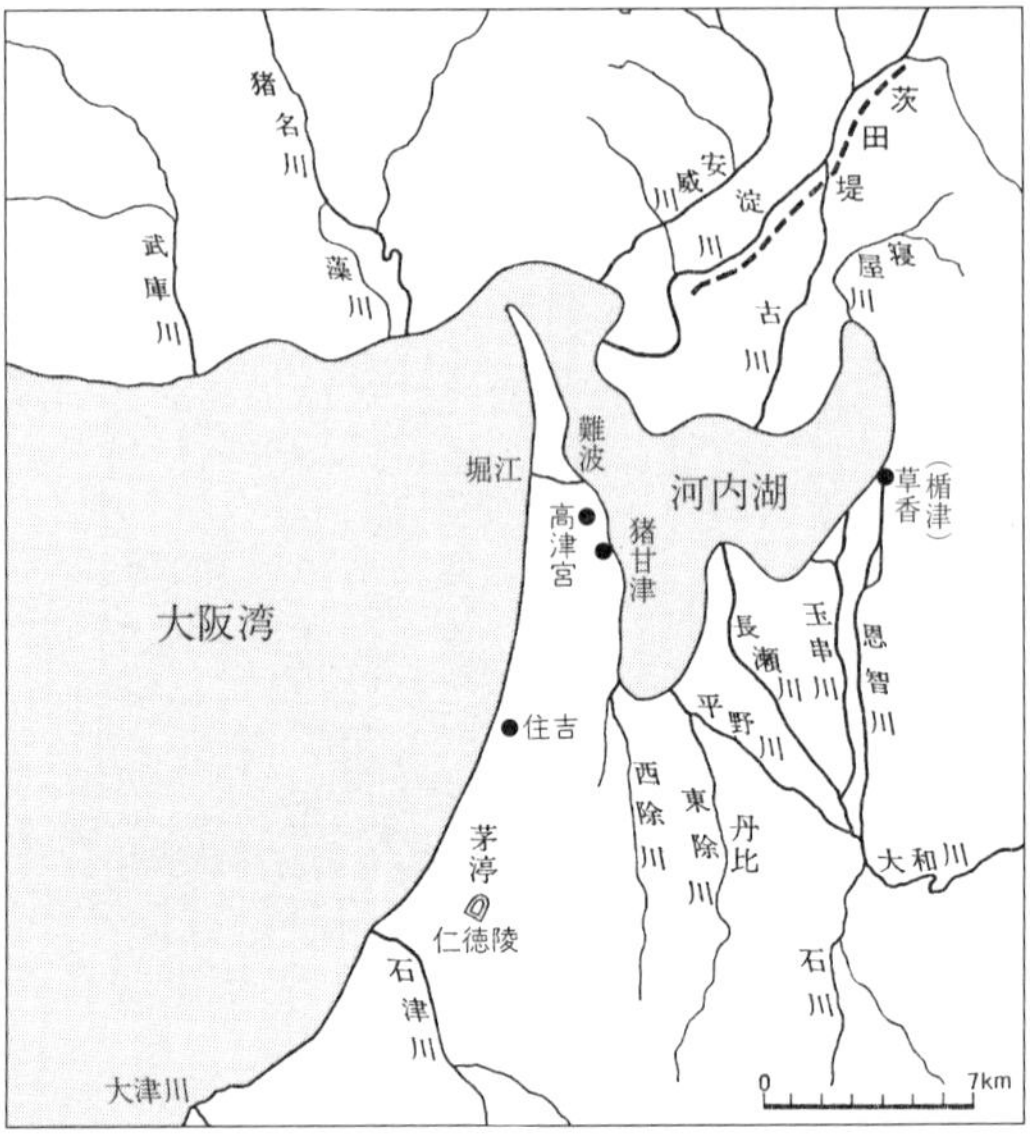

図13　古代の河内

●応神天皇の時、百済、任那、新羅などからの人々を使い、建内宿禰に命じて池を作らせた。これを韓人池という。
●応神天皇の時、剣池、軽池、鹿垣池、厩坂池を作った。
●仁徳天皇の時、和珥池を作り、横野堤（大阪府渋川）を築いた。
●仁徳天皇の時、依網《よさみ》池（大阪市）を作った。難波高津宮の原野を掘り、南の水（大和川）を引いて西の海（大阪湾）に入れ、これを堀江といった。淀川の浸水を防ぐため、茨田の堤を築いた。
次の仁徳天皇期も含め、これらの開発に合わせて大量の農地を開いていった。その経済力で旧勢力を圧倒し、大型古墳を築いていった。

仁徳天皇期の大型開発について、「紀」は述べる。

「いま、この国をながめると、土地は広いが田圃は少ない。また河の水は氾濫し、長雨にあうと潮流は陸に上り、村人は船に頼り、道路は泥に埋まる。群臣はこれを良く見て、溢れた水は海に通じさせ、逆流は防いで田や家を浸さないようにせよ」と言われた。

「古代の河内の中央部は広大な淡水湖でここに淀川が北から、大和川が南から流れこんでいた。この湖水の西岸は堺市から北へ細長く伸びる上町台地で大阪湾からへだてられ、わずかに三国の今の神崎川のあたりで海に通じていた」（岡田英弘『倭国』）。雨による洪水を海に流し、高潮を防ぐため、上町台地を横断する排水路を築いた（図13参照）。

- 高津宮の北郊を掘り、大和川を引いて大阪湾に入れた。この水路を堀江という。
- 淀川の溢水を防ぐため、茨田堤を築いた。
- 横野堤を築いて大和川の溢水を防いだ。
- 猪甘津に橋をかけた。
- 大道を京中に作り、南門からまっすぐ丹比邑に達した。
- 大溝を掘り、石河（石川）の水を引いて上鈴鹿、下鈴鹿、上豊浦、下豊浦の原野を灌漑した。
- 山城の栗隈に大溝を掘った。
- 大和に和珥池を作った。

仁徳天皇の事業は全て河内の国造りであった。

6　大型古墳

四世紀末以降において超大型の古墳が造られた。

それまでの最大のものは景行天皇陵（三一〇メートル）であるが、四〇〇メートルを超える超大型のものが作られた。仁徳天皇陵（四八六メートル）、応神天皇陵（四二〇メートル）である。それまでの陵を圧倒し、旧勢力を威圧するためである。

中期古墳は平坦な台地や沖積平野に造られ、人工で山を築き、堀を掘っている。前方部と後方部とのバランスがよく、張りのある形になっている。古墳の絶対数が増加し、構造も複雑化しており、陪塚を持つものも多い。
大型古墳は河内に集中しており、河内が王陵の中心地となっている。
〈古市古墳群〉
応仁天皇陵（四二〇メートル）、河内大塚山古墳（三三〇メートル）、仲哀天皇陵（二三九メートル）
墓山古墳（二二一九メートル）、津堂城山古墳（二〇五メートル）
〈百舌島古墳群〉
仁徳天皇陵（四八六メートル）、履中天皇陵（三六〇メートル）、土師ニサンザイ（二九〇メートル）
これらの古墳は直前のものと異なり、きわめて大型であるだけでなく、副葬品についても大きな変化がある。従来の宗教的・呪術的なものから軍事的・現実的なものに変わっている。大陸からの新文化の導入を示す。
●鉄器の大量な埋納がある。鉄鋌や鉄の農具が数多く出土する。
●副葬品に武器が大きな割合を占める。
●馬具の出現がある。具体的なものとして、くら、くつわ、あぶみなどがある。大陸からの乗馬風習が導入された。
●金、銀、金銅製装身具が、銅、玉の製品に取って代わっている。金銀の装身具が愛用され、冠帽、耳飾りなどの装身具が出土する。
この変化は大和国の盟主権の移動を示すものではなく、西日本から新しい文化を持った者たちが政権を築いたためと見る。しかし、それによって全国統一政権が成立したとは言えない。北九州およびほかにも地方政権が存在したと見られるからである。

七　継体天皇の即位

継体天皇は謎の多い天皇であり、その出自と即位について見る。次の本を参考にした。古田武彦『日本古代新史』、水谷千秋『謎の大王 継体天皇』、篠川賢『大王と地方豪族』

前代天皇の武烈は子供がなかっただけでなく、十八歳で亡くなった。

その行動についてはきわめて残虐な王とされる。

● 人を樹にのぼらせて射落とした。

● 妊婦の腹をさいて、その胎児を見た。

● 女たちを裸にして平板の上に座らせ、馬を引き出して面前で馬に交尾させた。女の陰部を調べてうるおっている者は殺した。

あとを継いだ継体天皇は応神天皇の五世または六世の孫とされ、「紀」にはこれに加えて母方が垂仁天皇から数えて八代目に当たるとする。

その姿は前天皇と異なり、大人の風格があり、英明な王とされる。

「成人された天皇は人を愛し、賢人を敬い心が広く豊かであった。武烈天皇は十八歳で、八年冬十二月八日におかくれになった。もとより男子も女子もなく、跡嗣が絶えてしまうところであった」

武烈王とは対照的な王として述べられる。血縁の薄い継体の即位を正統化するためととれる。天皇家系の断絶があった。

1　天皇家系の断絶

継体天皇は「記」によると近江の出身とされ、「紀」によると、近江で生まれ、のちに越前で育ったとされる。古代天皇の中でこのような地方出身者は少なく、他はみな大和、山城、河内などの畿内である。疎遠な傍系王族であり、五代前の先祖が天皇となるので、一世代二十年とすると百年以前のこととなり、天皇との血縁はきわめて薄い。具体的な出自について『上宮記』に示される。

汙斯王が弥乎国高島宮（近江国高島郡三尾）にいた時、布利比売命という大変な美人がいると聞いて三国坂井県（越前国坂井郡三国）から彼女を召し上げ、娶った。こうして生まれたのが、伊波礼の宮に天下治めしし、乎富等大公王（継体天皇）である。しかし、汙斯王は幼い継体を残して亡くなった。あとに残された布利比売命は「私ひとり皇子を抱いて親族のない国にいる。私ひとりでは皇子をお育てするのは難しい」と言って、皇子を伴い、その地を去り、祖先三国命のいる多加牟久村に住んだ。

夫の亡くなった妻が幼い継体を伴い、越前の三国に戻ったことが記されている。以後、継体は越前で育てられた。

同様のことが「紀」にも見える。

男大迹天皇は応神天皇の五世の孫で彦主人王《ひこうしのおおきみ》の子である。母を振媛《ふりひめ》という。振媛は垂仁天皇の七世の孫である。天皇の父は振媛が容貌端正でたいそう美人であると聞いて、近江国高島郡の三尾の別邸から使いを遣わして越前国坂井の三国に迎え、召し入れて妃とされた。そして天皇が生まれ、幼年のうちに父王が死なれた。振媛は嘆いて「私は今遠く故郷を離れてしまいました。これではよく孝養することができません。私は高向（越前国坂井郡高向郷）に帰り、親の面倒をみながら天皇をお育てしたい」と言った。

『上宮記』による系図を示す。

応神天皇－若野毛二俣王－太郎子－乎非王－汙斯王－乎富等大公王（継体）

さらに母方を含めた系図および妃の明細を示す（図14、表10）。妃の数がきわめて多い。

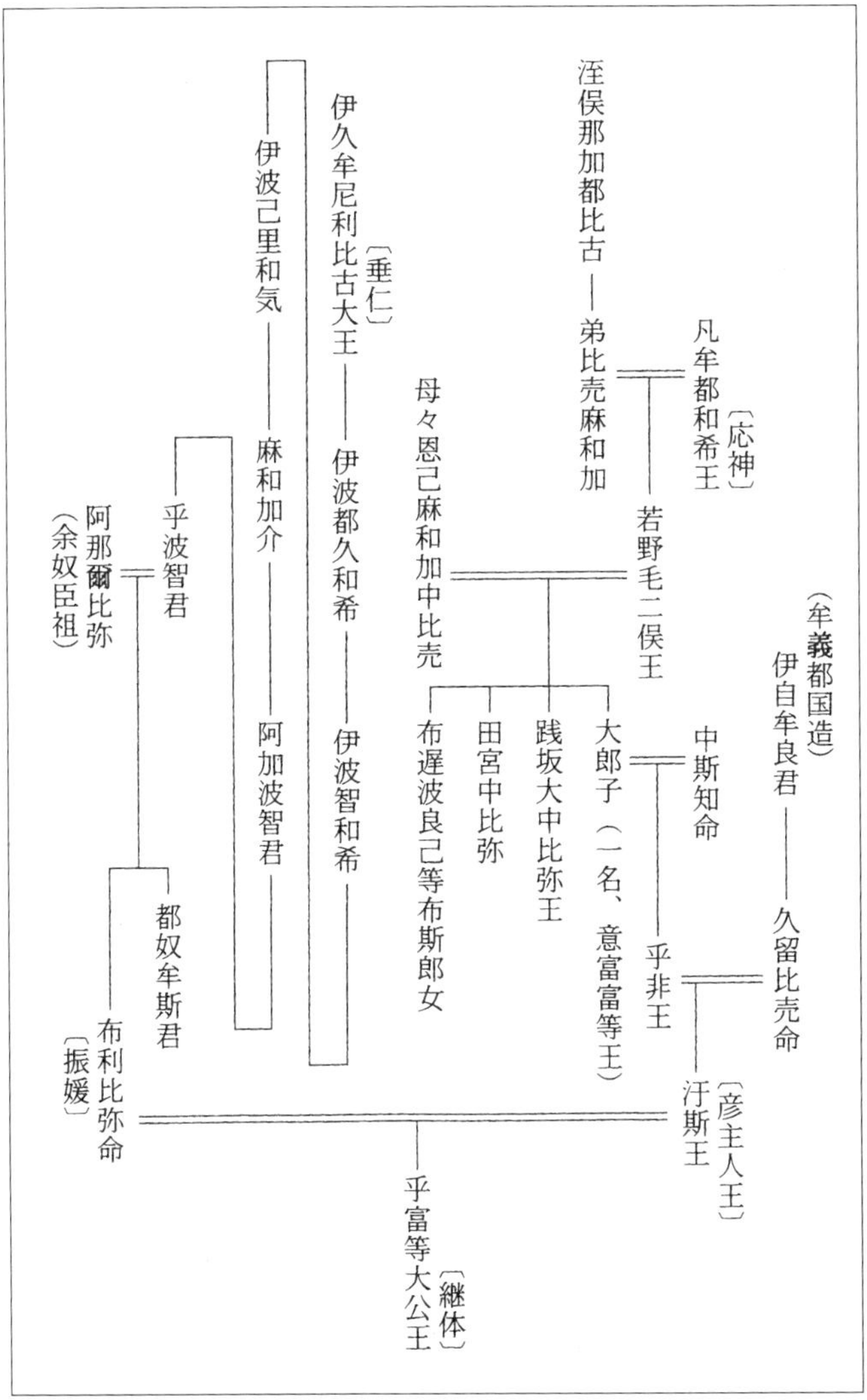

図14　継体天皇関係系図（出典：水谷千秋『謎の大王 継体天皇』）

表10　継体天皇「記紀」の比較表

	項　目	『古事記』	『日本書紀』
一	出身	応神天皇の五世の孫	同上
二	どこから	近淡海国（近江）	近江国高嶋郡三尾（別宅）　越前国坂井郡三国町
三	正妻	手白髪命《たしらが》（仁賢天皇の皇女）	手白香皇女《たしらかのひめみこ》（仁賢天皇の皇女）
四	第一妃	三尾君《みおぎみ》等祖、若比売《わかひめ》	尾張連《おわりのむらじ》草香《くさか》の女、目子媛《めのこひめ》（元妃《はじめみめ》）
	第二妃	尾張連等の祖、凡連《おほしのむらじ》の妹、目子郎女《めこのいらつめ》	三尾角折君《みおつのをり》の妹、稚子媛
	第三妃	＊（正妻が入る）	坂田大跨王《さかたのおおまた》の女、広媛《ひろひめ》
	第四妃	息長《おきなが》真手王の女、麻組郎女《をくみのいらつめ》	息長真手王《おきながのまて》の女、麻績娘子《をみのいらつめ》
	第五妃	坂田大俣《おおまた》王の女、黒比売	茨田連《まむたのむらじ》小望《おもち》の女、関媛《せきひめ》
	第六妃	三尾君加多夫《みおのきみかたぶ》の妹、倭比売	三尾君堅楲《みおのきみかたい》の女、倭媛《やまとひめ》
	第七妃	阿倍《あべ》の波延比売《はえひめ》	和珥臣《わにのおみ》河内の女、荑媛《はえひめ》
	第八妃	（記載なし）	根王《ねのおおきみ》の女
五	子供の数	十九王（男七、女一二）	二十王（男八、女一二）
六	後に天皇に即位した子	尾張連等祖凡連の妹の子、広国押建金日命《ひろくにおしたけかなひ》（後の安閑天皇）、建小広国押楯命（後の宣化天皇）、手白髪命の子天国《あめくに》押波流岐広庭命（後の欽明天皇）	尾張連草香の子広国排武金日尊《ひろくにおしたけかなひのみこと》（後の安閑天皇）、武小広国排盾尊（後の宣化天皇）、手白香皇女の子天国《あめくに》排開広庭尊《おしはらきひろにわのみこと》（後の欽明天皇）
七	斎宮《いつきのみや》	佐佐宜《ささげの》王	息長真手王の女、荳角皇女《ささげのひめみこ》

（出典：藤田友治他『古代天皇陵をめぐる』）

即位までの経緯として倭彦王のことがふれられている。

大伴金村が皆に議《はか》って「今全く跡継ぎがない。天下の人々はどこに心を寄せたらよいのだろう。古くから今に至るまで天下の禍はこういうことから起きている。仲哀天皇の五世の孫の倭彦王が丹波国桑田郡においでになる。試みに兵士を遣わし、みこしをお守りしてお迎えし、人主として奉ったらどうだろうか」と言った。大臣大連らは皆これに従い、計画のごとくお迎えすることになった。ところが倭彦王ははるかにお迎えにやってきた兵士を望見して恐怖し、顔色を失われた。そして山中に遁走して行方不明となった。

倭彦は天皇候補者の一人であったが、使いは見方を変えると、敵対する候補者を殺すこともしていた。倭彦王はこれを疑い、恐れたとみる。

ここまでの経緯と史料などから次がわかる。

即位の経緯について次が言える。武烈王が亡くなり、男子も女子もなく、仁徳系天皇（応神、仁徳、履中、反正、允恭、安康、雄略、清寧、顕宗、仁賢、武烈）家の血族が断絶した。本来であれば武烈王の一代または二代前の仁賢、顕宗の血族が就任すべきであるが、そうした動きはなく、応神系の傍系の北方豪族の継体が擁立された。

応神天皇の五世の孫ということは、通常の場合では応神から百年以上経過し、まして継体の住居は大和から遠く離れた越前であるので、当時の王としてはきわめてまれな地方出身者である。血縁が薄く遠方であるので、激しい権力争いと戦いが生じた。その争いもきわめて長期に及んだ。その一つとして、倭彦王が逃げたのは自分の暗殺を恐れたのであり、同様のことがほかの候補者にもなされていたに違いない。

「紀」には継体天皇と武烈天皇と倭彦王が対照的に記され、その中でも継体は王位を継ぐべき風格を示している。ここに「紀」に作者の強い作為を感じる。

これは、権力や武力を用いて王になった者が、前天皇および王位にからむ人々をその地位にふさわしくない者として記録した。逆に言えば、血縁が薄い地方豪族が自己を適任者として正当化したものと考えられる。

具体的な地方豪族として、皇統譜に特別な関係がある息長氏があげられている（水谷・前掲書）。その経済的基盤は琵琶湖の交通路の支配と近江北部の鉄生産であった。多くの妃を持ち、諸豪族をその政権内部に取り込んだものと見る。権力基盤が弱いからである。

2　即位の経緯

王位に就くまではきわめて異常である。「紀」によってそれを見る。

武烈八年　武烈没後、三国（越前）に迎え奉る。大伴金村らがこのことを議った」

継体元（五〇七）年　樟葉宮（河内）に至る。王、五十七歳とされる。

継体五年　都を山背の筒城に遷す。

継体十二年　弟国（山城）に遷す。

継体二十年　遷り、磐余《いわれ》（大和）の玉徳に都す。五～七年後に崩じた。

この経緯について地名を中心に示せば次のようになる。

「五〇七年に河内の樟葉宮（大阪府枚方市）で即位し、その後五一一年に山背の筒城、さらに五一八年に弟国（京都府乙訓郡）に遷り、ようやく五二六年に大和の磐余玉穂宮（奈良県桜井市）に入ったとされる」（篠川・前掲書）

継体は天皇としての歳月のほとんどを大和以外で過ごした。大和に入るまではその地位が確立していなかった、または天皇になっていなかった。

改めてその経過を見る。

（1）武烈八年に王が亡くなり、大伴金村が議った。「仲哀天皇の五世の孫の倭彦王が丹波国桑田においでになる。試みに兵士を遣わして、みこしをお守りしてお迎えし、人種主として奉ったらどうであろうか」と言った。大臣、大連らはみなこれに従い、計画のごとくお迎えすることになった、ところが倭彦王ははるかに迎えにやって来た兵士を望見して恐怖し、顔色を失った。そして、山中に遁走して行方不明になった。

（2）大伴金村らは議って男大迹王が適任として三国に迎えに行った。しるしを持った使いたちは天皇を迎えて命を捧げて忠誠を尽くそうと願った。けれども天皇は心の中でなお疑いを抱き、すぐには承知しなかった。

（3）大伴金村らはひざまずいて、天子のしるしとしての鏡と剣を奉って拝礼した。男大迹天皇は辞退して「民をわが子として国を治めることは重大な仕事である。自分は天子としての才能がなく、力不足である。どうかよく考えて真の賢者を選んで欲しい。自分ではとうていできないから」と言った。

（4）継体二〇年、都を遷して大和の磐余玉穂宮において即位した。

なお、継体二十一年には九州で磐井の乱が起きている。権力基盤が弱かった。または九州には独立した国があり、乱を起こした。

3　継体政権の成立

次のことが言える。

①　武烈王が亡くなってから、都を大和に置くまでに二十年もの日時が経過している。加えて、その拠点地について樟葉、筒城、弟国と大和の近隣地を点々としている。

②　倭彦王が迎えの使者を見て隠れたのは自分の暗殺を恐れたのである。同様のことが他の候補者につ

いてもなされていたに違いない。

③　三国に迎えに来た重臣たちに対して、継体はすぐに天皇になることに同意していない。自分の支持者の真意について疑いを抱いていたのである。

④　継体がすぐには大和に入らなかったのは、大和が内乱状態になっており、地方豪族で血縁の薄い者が天皇になることについて、根強い抵抗勢力があったからである。

●武烈死後、大和は内乱状態になり、入り乱れて激しい権力争いを生じた。

●継体は地方豪族を味方にし、大伴氏を引きつけ、物部氏をも服せしめて勢力を拡大していった。

●即位を主導したものは主に畿内の豪族であり、具体的には和珥氏、物部氏、茨田氏、凡河内氏《おうしこうち》、河内馬飼首《かわちうまかいのおびと》、加えて大伴氏、中臣氏などであったが、全てが全一の行動をしたものでない。また、反対勢力として葛城氏がある。それを裏付けるものとして、仁徳系王朝と姻戚関係にあり、継体期に急速に衰退している。

⑤　継体はすぐに大和に入らず、周辺の地域からその権力基盤を固めている。最初の拠点の「樟葉」は交通の要所であり、淀川の河渡地点である。「山背筒城」は山背国の最南端で木津川（淀川支川）流域の要所であり、大和盆地の北部と接する。継体にゆかりの勢力として和珥氏、息長氏などが居住していた。

「弟国」は桂川の流域である。

五世紀の仁徳系の王統が主として大和川水系に分布していたのに対して、淀川、木津川に拠点地を置きながら次第に勢力を拡大していった（水谷・前掲書、第四章）。

⑥　継体には九人の妃があげられているが、それは各種の勢力を政権内に取り込むだけでなく、それら

の均衡をはかった。

⑦　大和国に入るのに即位後、二十年を要している。内乱と権力取得のためである。傍系の地方豪族で血縁上のつながりが薄い者が天皇になるために、戦争をし、競争者は排除し、支持者を増やし、長い年月をかけている。

⑧　業績はほとんど見るべきものがない。「紀」により抽出する。

●使いを百済に遣わした。

●任那四県の割譲。政権内部に対立があった。この実質的内容はわからない。ただ、任那の縮小が生じていた事実がある。

●都を大和の磐余の玉穂（桜井市）に置いた。

●磐井の乱を鎮圧した。

●近江毛野臣を安羅に遣わした。この真の目的も不明である。

4　磐井の乱の発生

仁徳系の王統の断絶をめぐって長期間の抗争が終了した翌年に起こった。

地方出身者で血縁の薄い者が武力と権力を用いて王位についたことに対して、地方（北部九州）では独立化の動きが強まっていた。それは北部九州に勢力を持ち、独自の軍と外交方針を持っていた首長連合と継体政権との争いであった。反乱でなく、乱であった。

●大和政権に確固とした力も外交方針もなかった。即位までの期間が長期化したことも要因となった。

●磐井は朝鮮半島と近く、自主的な外交（新羅の台頭を重視）と行政権を持っていた。

●継体と対立するため、筑・肥・豊の三カ国連合の支持を得て決起した。
●大和政権は百済を支持し、磐井は新羅の台頭を見て、新羅との結びつきを重視した。

継体天皇は越前の勢力をバックに近江の豪族たちの支持を得て、旧勢力との激しい権力争いの末に即位した。即位後二十年を経過して大和に入っており、その陵の一つは摂津国三島郡藍野とされ、大和にないから、大和の諸勢力の完全な把握に至っていないと見る。五三一（継体二十五）年、八十二歳で亡くなった。

磐井の勢力を完全に討とうとしたが果たせず、その子葛子と和睦した。磐井の乱ではその死が確認できないとする史料もあり、葛子の糟屋献上ということで収束させた。

王統の断絶に近いことがあったが、皇統を継続させたことは大きい。

第四章
九州王国

一　九州王国の存在

1　『隋書』、『旧唐書』、『新唐書』からの倭国

「倭人伝」によると帯方郡から邪馬台国までは一万二千里とされ、末盧国までは一万里とされるので、簡単にとらえて邪馬台国は一万二千里から一万里の範囲にあることになる。一里を短里と見て七五メートルとすると九〇〇〜七五〇キロの範囲にあり、北九州にあったことになる。方向も東南で一致している。同様のことが『新唐書』に述べられており、京師より一万四千里とされる。

『隋書』(「俀国伝」)は述べる。

「女子あり、卑弥呼と名づく。鬼道をもって衆を惑わす。ここにおいて国人共立して王となす。男弟ありて卑弥を佐け国を理む。

開皇二十(六〇〇)年、俀王、姓は阿毎、字は多利思北孤、阿輩雞弥と号す。使を遣わして闕に詣る。上、所司をしてその風俗を訪わしむ。使者言う、俀王天をもって兄となし、日をもって弟となす。天未だ明けざる時、出でて政を聴くに跏趺して座す。日出ずればすなわち理務を停め、云う、我が弟に委ねん。王の妻、雞弥と号す。後宮に女、六、七百人有り。太子を名づけて利と為す。歌弥多弗の利なり」

このあとの部分で、俀国には阿蘇山があることが述べられている。

次のことがわかる。

●六〇〇年頃、兄弟の統治による国があった（真の意味は不確である）。

●王には妻があった。

●王には歌弥多弗という王子がいた。

●俀国の拠点地は九州であった。

六〇〇年頃の「紀」の年代は正確なものとされ、具体的には推古天皇（五九二～六二八年）の頃である。推古は女帝であり、聖徳太子を摂政とした。一人の天皇による統治であり、拠点地は大和（近畿）である。これらから言えることは、『隋書』に述べられていることは大和王国のことでなく、九州の王国のことである。

『旧唐書』（「倭国伝」、「日本国伝」）は述べる。

「倭国は古の倭奴国なり。京師を去ること一万四千里、新羅の東南の大海の中にあり」

『新唐書』（「日本伝」）は述べる。

「其の王の姓、阿毎氏、自ら初主といい、天の御中主と号す。彦瀲に至る。凡そ三十二世、皆尊を以て号となし、筑紫城に居す。

彦瀲の子、神武立ち、更に天皇を以て号と為し、徒りて大和州に治す」

これより次のことが言える。

●倭国はかつての倭の奴国である。

●姓を阿毎といった。

●王は代々筑紫城にいた（九州にいたことが明記されている）。
●神武のとき、大和州に東征した。
神武の血縁関係は「記紀」によると、ニホミ－ニニギ－ホホデミ－ウガヤフキアエズ－神武である。ニニギの降臨地はすでに見たように高祖山のふもとであり、そこの海人族の人々と暮らすうちに、次第に力を得て、神武はより大きな飛躍を目指して東征して行った。

これらのニニギ、ウガヤフキアエズ、神武などの活躍の根跡が福岡県の各地に残っている。
●「記紀」には神武の出身地を「筑紫の日向」とし、福岡県早良区の吉武高木、飯盛遺跡などには弥生前期の王墓や三種の神器、宮殿跡などが出土するだけでなく、日向峠、日向川、字日向などの地名が残り、「記紀」の記録を裏付ける。
●前原市の旧海岸には神武、ウガヤフキアエズ、タマヨリヒメなどを祭る神社が集中している。
●ニニギを祭った「降臨神社」が海岸部から高祖山にかけて数多くある。
●日向峠のある高祖山には「クシフルタケ」が現存する。ニニギの降臨地とされる所である。
●ウガヤフキアエズは西州の宮で亡くなり日向の吾平山陵に葬ったとされるが、甘木朝倉地区をアマテラスの本拠地とすれば、フキアエズの活躍地は西方であり、墓の所在地の日向と方向が一致する。
『隋書』（「俀国伝」）では、王である多利思北孤が隋に使いを送ったとする。

さらに『新唐書』（「日本伝」）では用明の名をあげ、その名を「目多利思北孤」といい、隋の開皇（五八一～六〇〇年）の末に中国と通ずと記されている。これについて中国史料および名前の類似から目多利思北孤が多利思北孤の部下または属官であることも推定される（内倉武久『太宰府は日本の首都だった』）。「目」の役割は軍の長官または属官のことであり、目代は国守が赴任しない時、その代理として任国に赴き事務をとる役である。

また『旧唐書』(「倭国伝」、「日本国伝」)に、倭国が古の倭奴国であるだけでなく、倭国と日本国とは別の国であるとする。

「日本国は倭国の別種なり。其の国日辺に在るを以て故に日本を以て名と為す。或いは曰う、倭国自ら其の名の雅ならざるをにくみ、改めて日本と為す。或いは云う、日本旧小国、倭国の地を併す」

次のことが言える。

- 倭国が北九州にあった。
- 倭国の王が隋や唐に使いを送っている。
- 倭国と異なる日本国があった。
- のちに、日本国が倭国を併した。または倭国が日本と改めた。いずれにしても両国が統合された。

2　倭の五王と近畿王朝

倭の五王は中国の南朝に使いなどをした倭国の王であり、それらの名は讃、珍、済、興、武である。東晋(三一七~四二〇年)、宋(四二〇~四七九年)、南斉(四七九~五〇二年)、梁(五〇二~五五七年)の王朝の歴史書に記録されている。その一部を抽出する。併せて、朝鮮の史書である『三国史記』(十二世紀成立。「史」と略す)と合わせて主要事項を引用する(内倉・前掲書)。

〈倭の五王関連事項〉

三四六年　倭兵がにわかに(新羅)の風島に来た。金城を包囲して激しく攻めた。(「史」)

三六四年　倭兵が大挙して新羅を襲ってきたが伏兵で皆殺しにした。(「史」)

三六六年　百済の使いが初めて倭国に来た。百済は新羅にも使者。（「史」）
三六九年　秋九月、高句麗が兵二万で百済を攻める。（「史」）
三九一年　倭来る。（高句麗）渡海し、百済新羅を破り臣民にした。（広開土王碑）
三九三年　夏五月、倭人が（新羅の首都）金城を包囲し、五回も解かなかった。（「史」）
四〇二年　三月、新羅が倭国と通好し、王の子未斯欣を人質に出す。（「史」）
四〇四年　倭国が帯方界に侵入し、高句麗と戦って敗れる。（広開土王碑）
四〇五年　百済の人質腆支が父王の死去で倭兵百人に伴われて帰国、王になる。倭兵が新羅の明活城を
　攻めるが、三百余人が殺されて敗れる。（「史」）
四〇八年　倭人が対馬に軍営を設け、新羅を襲撃しようとする。（「史」）
四一三年　倭国王（讃）が東晋に遣使。（『晋書』）
四一八年　秋、新羅の人質だった未斯欣が逃亡、帰国に成功。（「史」）
四二一年　倭国王讃、遣使。安東将軍・倭国王の称号。（『宋書』）
四二五年　倭国王讃、宋に使いの司馬曹達を送る。（『宋書』）
四二七年　高句麗が南下、平譲に都を移す。（「史」）
四二八年　倭国、百済に総勢五十人の使節団を送る。（「史」）
四三一年　倭兵が新羅明活城を包囲。（「史」）
四三八年　倭国王讃が死に、弟珍が王に、遣使。（『宋書』、『南斉書』）
四四〇年　倭国、新羅の南の辺境に侵入、百済、宋に遣使。（「史」）
四四三年　倭国王済、宋に遣使。（『宋書』）

四五一年　済遣使。使持節、都督、倭、新羅、任那、加羅、秦韓、慕韓六国諸軍事の称号を受ける。（『宋書』）
四五五年　高句麗が百済に侵入、新羅王は兵を派遣して救援。（「史」）
四五九年　倭兵が兵船百余隻で新羅を襲い、月城を囲む。（「史」）
四六〇年　倭国王済、遣使。死ぬ。（『宋書』）
四六二年　倭国王興、遣使。安東将軍・倭国王の称号。（『宋書』）
四七四年　高句麗、百済を攻める。（「史」）
四七六年　倭人が新羅に侵入、二百人捕殺される。（「史」）
四七七年　倭国王興死ぬ。武王宋に遣使。（『宋書』）
四七八年　倭国王武、宋に遣使。使持節、都督、倭、新羅、任那、加羅、秦韓、慕韓六国諸軍事の称号を受ける。（『宋書』）
四七九年　宋滅びる。武王南斉に遣使。（『南斉書』）
四八五年　百済と新羅が和睦。共同で高句麗にあたる。（「史」）
五〇二年　倭王武、梁から征東大将軍称号。（『梁書』）

(a)　五王の年代

讃、済、興の死亡年には不確実な面もあるが、倭の五王関連事項より五人の確認できる推定活動年代は次となる。

讃　四一三～四三八年

珍　四三八〜四四三年
済　四四三〜四六〇年（または四四三〜四六二年）
興　四六〇〜四七七年（または四六二〜四七七年）
武　四七七〜五〇二年（または四七八〜五〇二年）

これに対応する応神、仁徳、履中、反正、允恭、安康、雄略の「紀」による在位年および古代首長即位推定表による即位年を示す。

応神　二七〇〜三一〇年　四二五年または三九六年
仁徳　三一二〜三九九年　四三五年または四〇六年
履中　四〇〇〜四〇五年　四四五年または四一六年
反正　四〇六〜四一〇年　四五五年または四二六年
允恭　四一二〜四五三年　四六五年または四三六年
安康　四五三〜四五六年　四七五年または四四六年
雄略　四五六〜四七九年　四八五年または四五六年

七人の天皇のうち通常対応されるのは応神、仁徳、允恭、安康、雄略であるが、年代の点から全ての人が対応しない。

また、それぞれの王について中国への使い、各種の称号を受けているが、「紀」にはこの記録がない。さらに高句麗との激しい抗争が見られるが、五人の天皇についてこのことがほとんどない。雄略については高句麗の撃破のことをふれているが、きわめて小規模のもので倭の五王のものでない。五王を近畿の王とすることは困難である。朝鮮半島の倭と高句麗の対立は重要事であり、正確な記事があってよいが、それがない。

(b)　五王の血縁関係

中国史料による五王の血縁関係と、「紀」による七人の天皇の血縁関係を見る。

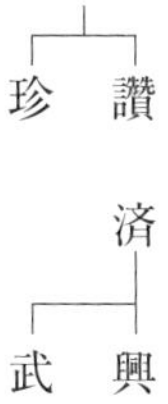

(注) 讃、珍は兄弟であり、済の子が興と武である。

「紀」による血縁関係として、次のようになる。

済、興、武が允恭、安康、雄略に対応する可能性があるのみである。しかし、時代が合致しない。また、武=雄略については即位年から否定される。

武王の即位年は『宋書』(帝紀)によると、

大明六(四六二)年　興を以て安東将軍とする。

昇明元(四七七)年　倭国使を遣わし万物を献ず。

昇明二(四七八)年　武を以て征東大将軍となす。

これらから、四七七年か四七八年に武が即位したことがわかる。一方、雄略の在位は四五六～七九年であるので、武と雄略とは対応しない。

さらに武は五〇二年に征東大将軍の称号を受けている。死後、称号を送ることは考えられず、また「紀」には征東将軍の記事がない。

(c) 王名

近畿の王の名は二字であり、五王のように一字名が使われていない。正式な史書に二字の正式名を記さないことはあり得ない。中国の史書は他国（辺境であっても）の王名を略称や改作名を使用しないことが明らかになっている。

「宋書をはじめそれ以外の例でも塞外民族が進んで姓名を中国式にしなかったのを、中国の史書が一方的にその姓名を改作して記録した例をほかに探すことができないから、倭の五王の名前も外字になっているのは、中国に行って中国でそのようになったのではなく、はじめから倭王自身が自ら讃、武などの名前をつけて、それを上表文に使用したとみるのが穏当だといえるだろう」（李鍾恒『韓半島からきた倭国』）

応神などの別名を見ても、一字の五王名との共通点はほとんどない。複数字の名であるだけでなく、共通点が見出せない。

応神＝誉田天皇

仁徳＝大鷦鷯天皇

履中＝去来穂別天皇

允恭＝雄朝津間稚子宿禰天皇

安康＝穴穂天皇

雄略＝大泊瀬幼武天皇

(d)　五王の遣使

四一三年、倭王讃は初めて中国の東晋王朝に方物を献じた。それ以後、倭の五王（讃、珍、済、興、武）は活発な対宋外交を実施した。四一三〜五〇二年における中国南朝への遣使外交は十三回に達する。遣使朝貢は九回を占める。その称号についても、安東将軍倭国王、慕韓六国諸軍事、安東将軍倭国王、六国諸軍事倭王などを受けている。

この時代、朝鮮半島では三国の争いがあるだけでなく、南朝鮮と北九州を拠点地とする倭国が三国に深くからんでいた。

中国から見ると次のことが言える。

- 倭国は東南海にあり、たびたび遣使をし、貢物を修めてきた。東夷の友好国である。
- 讃は東晋に方物を献じ、宋に対しても方物を献じ、遣使をし、対宋外交をしてきた。その後の王も将軍の除授を求め、冊封体制の中に入り、朝鮮半島の状勢の安定に貢献してきた。
- 朝鮮半島の状勢は不安定であり、倭によって牽制できる。中でも高句麗の背後からその動きを抑えられる。

倭国側にすると、新羅、高句麗との対立が激しく、中国の力を借りて朝鮮政策を押し進められる。新羅とは直接対抗していた。王の称号として倭国王、安東将軍などを求めているのは自国を独立国とせず、冊封体制の中に入り、軍事的対立について宋の力を後ろ楯にしようとしたもので、すなわち中国王朝の力を借りて朝鮮半島での倭の行動を有利にしようとした。

具体的動きを示す。

珍は「倭国王」を除授され、倭国の最高支配者としての地位を認めてもらい、四三八年に「安東将軍」号を受けた。

済は四四三年に「安東将軍倭国王」を認められた。さらに四五一年には「使持節、新羅、任那、加羅、秦韓、慕韓六国諸軍事」が加えられている。

武は自ら「安東大将軍」と称し、四七八年「使持節、都督、倭、新羅、任那、加羅、秦韓、慕韓六国諸軍事、安東大将軍倭王」となっている。また、「開府儀同三司」を仮授した。

これらの将軍名に違いはあっても、一貫的に中国から称号を受け、朝鮮半島における自己の活動を有利にし、高句麗に対抗していた。

その対立も当初新羅との対立が激しく、のちに新羅が高句麗に救助を求めてからは、倭国は百済と結び、その対立は〈倭・百済〉対〈新羅・高句麗〉となっていった。これに対抗する倭または倭国は北九州および南朝鮮にいたと見なければ説明し得ない。

(e)　武の上表文

武は四七八年、六国諸軍事になるだけでなく、宋の順帝に国書（上表文）を提出している。初めにこれを示す。原文を意訳したものである。

〈武の上表文〉

「中国の臣下であるわが国（封国）は（宋からは）遠い片隅にありますが、王室を守る垣根の国になってきました。昔からわが祖先は自ら甲冑をつけ、山川を踏み越え、静かに休むひまもありませんでした。

東に毛人（の国）を征服すること五十五国、西に衆夷（の国）を征服すること六十六国、海を渡って北（の国）を平らげること九十五国であります。王道は安定し、領土は広がり（宋の）天子の境界ははるか遠くにまでにいたりました。

歴代の王は定期的な朝貢を欠かしませんでした。臣の私は愚かではありますが、かたじけなくも王統を継ぎ、支配した国を率いて天子に仕えようと百済から遠い道のため船を連ねて準備していました。ところが（高）句麗は道理を無視し、（百済を）呑みこもうと計画して国境周辺の民を捕え殺してやみません。使者を送るたびに止められたため（朝貢を続けようとする）美風を失い、朝貢の道を進めようとしても通じたり通じなかったりです。

臣の父済は（高句麗が）天子への道をふさいでいるのを怒り、弓を引く兵百万も正義の声に感激してまさに大挙して出撃しようとしました。しかし、急に父と兄が死に功績を得ることができませんでした。私は服喪の部屋に閉じこもり、兵を動かしませんでした。そんな状態で手をこまねいて未だに勝つことができません。

今武器を整え兵を治めて父兄の志をとげようと思います。忠誠な兵士らは虎のようにほえ、文武の官が功を立て白刃が目の前で交わろうともわが身を顧みないところです。もし帝の徳を受け、この強敵を打ち砕いて難を払えるならば、これまでの忠誠を変えることはありません。許しを得てはいませんが、府を開き、三公（大尉、司徒、司空の任）を設けて儀礼を同じくし、それ以外の者にも位を授け、忠節を励んでいます」

（内倉・前掲書）

末尾については、沈仁安『中国からみた日本の古代』によると、「ひそかに自ら開府儀同三司を仮し、その余はみな仮授して、以て忠節を勧む」。その後「詔して武を使持節、都督倭、新羅、任那、加羅、秦韓、慕韓六国諸軍事、安東大将軍、倭王に除した」とする。

ここで、「開府儀同三司」について「中国の官名であり、開府は府を開き、属官をおくこと。もともとは三司（太尉、司徒、司空）のみに許された制度であったが、のちには将軍もこれを認められるようになった」（篠川賢『大王と地方豪族』）。将軍として、府を開き、属官を置き、その受ける儀礼が三司と同じようにしたいとする。自己を宋の将軍としていることは疑いがない。また、それによって高句麗に対抗しようとしている。

次のことがわかる。

- 倭国は中国王朝の冊封体制の中に入り、朝貢を定期的にしており、王自身も臣としており、独立国の王としていない。
- 毛人の国五十五国、衆夷の国六十六国、北の国九十五を平らげている。
- 高句麗を最大の敵とする。
- 北の国は朝鮮半島にあり、その南には倭国がある。

毛人、衆夷、北の国のとり方について次のことが言える（古田武彦『日本古代新史』）。『宋書』の「東夷伝」の構成として「東夷、高句麗国、百済国、倭国」であるので、倭国は東夷に属しており、衆夷は倭国をとりまく地帯ととれる。そこが倭国全体の西にあたっている。その東には毛人の国がある。その数は五十五国ほどである。そして、倭国の北には北の国として九十五国ほどがあり、朝鮮半島にある。これらから次のことが言える。

衆夷……九州。六十六国
毛人……倭国の東にある地域、おそらく瀬戸内海の地域。五十五国。

北の国……朝鮮半島の国々。倭国（北九州）の北にあり、方位、位置関係から疑いない。九十五国。

ここから武は北九州に根拠地を持っていたと推定される。その活動も四代前の王の活動から十分理解できる。

近畿王朝（例として雄略）とすると難点が多い。
●北の方向が朝鮮半島にならない。
●年代が一致しない。武の即位は四七八年頃である。
●「紀」は朝鮮半島への使いや上表文のことにふれていない。上表文も残っていない。
●武は自身を臣とし、自国を封国とし、中国の冊封体制の中で宋の王室を守るとも言っている。近畿の王の場合、独立的なものにとれ、その位どりも中国の天子と対等のようにとれる。当事、中国の天子が東夷の王について、対等な首長（天皇）を認めることはなかった。近畿の王とすると東の東海地方や西の九州などを征することになるが、九州は衆夷となるから、自分を衆夷より一段高い王とすることになり、その位どりを宋の天子が認めない。
●王の名称が一致しない。
●近畿から朝鮮半島へ進出する経済的動機も経済力も乏しいと見られる。応神などの進出期と見られるが、近畿には全国を統一した国家もなく、応神以前の大和の先住民族との対立があり、朝鮮半島へ進出する力もない。
●大型の古墳の建設をしながら、対外的に戦争をしていたことになる。特に古墳には多くの労働力を要したので、二つのことを実施する余裕がない。

●倭国または倭人が北九州および朝鮮半島南部に広く活動していたことは、朝鮮側の史料に明らかであり、五王の記事はその倭の活動が根拠になっていたとすると、率直に理解できる。

●稲荷山古墳から四七一年以前にそこの王が活動しており、「佐治天下」として、大王を称している。一方、武は宋に朝貢し、宋の将軍であると明言している。この武の上表文から雄略と武の活動年代（即位など）も異なり、その位どりも異質である。稲荷山古墳の王、雄略、武が別人でないと説明がつかない。

これらから言えることは、倭の五王は九州を拠点地とした倭国の王であることである。その大きさは瀬戸内海の一部をも含んでいた。

年代のみについても次が言える。

四七一年以前　稲荷山古墳の王の活動
四五六～四七九年　雄略即位年代
四七八～五〇二年　武の活動年代

3　冠位十二階

『隋書』（俀国伝）は述べる。

「開皇二十（六〇〇）年、倭王、姓は阿毎、字は多利思北孤、阿輩の雞弥と称す。〔略〕内官に十二等あり、一に大徳、次に小徳、次に大仁、次に小仁、次に大義、次に小義、次に大礼、次に小礼、次に大智、次に小智、次に大信、次に小信、員に定数無し」

この官位は中国において官吏が行うべき徳目について、徳を第一にして、そのあとから五道を示し、その順序のままに制定しており、その順位は「徳、仁、義、礼、智、信」となる。

大和国の冠位十二階の場合、「紀」によると、その順序は「徳、仁、礼、信、義、智」であり、制定時期として推古天皇十一（六〇三）年とされる。つまり、これは多利思北孤の国のあとである。

「十二月五日、はじめて冠位を施行した。大徳、小徳、大仁、小仁、大礼、小礼、大信、小信、大義、小義、大智、小智、全部で十二階である」

「十二月春一月一日、はじめて冠位を諸臣に賜わり、それぞれ位づけされた」

このあとに皇太子が十七条憲法を制定したとするので、聖徳太子が冠位十二階を制定した。年代について確実視されるので、俀国のあとに大和国が十二階を制定したことになる。中国の順位を変えている理由は不明であるが、大和国の前に倭国が冠位十二階を制定していたのである。

4　遣隋使

通常の古代史では、推古天皇の摂政である聖徳太子が隋（五八一～六一八年）に使いを遣わし、その国書の中で「日出ずる処の天子、書を日没する処の天子に致す。つつがなしや」云々とする（『隋書』「俀国伝」）。

ところが「紀」によると、この記録はない。「紀」には、続いて小野妹子が大唐に遣わされた記事がある。

「推古十五（六〇七）年秋七月三日、大礼小野妹子を大唐に遣わされた。鞍作福利《くらつくりのふくり》を通訳とした」

「十六年夏四月、小野妹子は大唐から帰朝した」

「大唐の使人裴世清と下客十二人が妹子に従って筑紫に着いた。難波の吉士雄成を遣わして大唐の客裴世清らを召された。大唐の客のために新しい館を難波の高麗館の近くに造った」

しかし、この次の記事は理解しがたい。

「六月十五日、客たちは難波津に泊った。〔略〕

この時妹子臣は『私が帰還の時、煬帝が書を私に授けた。ところが百済国を通る時、百済人が探り掠めたため、これをお届けすることができません』と奏上した。群臣たちはこれを議り『使者たる者は命をかけても任務を果すべきであるのに、この使いはなんという怠慢で大国の書を失うようなことをしたものか』と言った。流刑に処すべきであると言われた。しかし、天皇は『妹子が書を失った罪はあるが、軽々に処罰してはならない。大唐の客人への聞こえもよくない』と言われた。赦して罪とされなかった。

秋八月三日、唐の客は都へ入った」

ここで明らかなことは、小野妹子が使いをしたのは唐であって隋でない。当時、隋と唐についての記録には「推古二十六年、隋の煬帝は三十万の軍を送って（高麗）を攻めました」とあり、はっきり別の国として区別されていた。

唐からの使いは裴世清とされ、その官職名はなく、隋の客人でない。

このあと、妹子が唐の国書を失くしたことは理解できない。初めから唐に行かなかったのか、記事の創作も疑われる余地がある。

これらの疑問に答えるのが、『隋書』（「俀国伝」）である。隋に国書を送ったのは多利思北孤であると明記され、隋の客人は文林郎裴清であるとされる。

「大業三（六〇七）年其の王、多利思北孤使いを遣わして朝貢す。使者、曰く『海西の菩薩天子、重ねて仏法を興すと、故に遣わして朝拝』、兼ねて沙門数十人、来りて仏法を学ばしむ』と。其の国書に曰く。『日出ずる処の天子、書を日没する処の天子に致す。つつがなしや云々』と。帝、之をみて悦ばず鴻臚卿に謂いて曰く、『蛮夷の書、無礼なる者、後以て聞するなかれ』と。明年、上、文林郎裴清を遣わして俀国に使せしむ」

ここで大和国と異なる俀国の王が国書を提出し、隋の客人が文林郎裴清であるとされる。「紀」の記事では官名はなく、唐からの「裴世清」である。別人であるが、記事が創作であることもあり得る。

また、隋や唐の客人を迎えたのが、大阪の難波であると決めつけることはできない。当時「難波津」は福岡の博多沿岸にあったことが明らかになっている。福岡市城南区片江には「難波池」の名も残っている。俀国の史実をもとにしての創作も疑われる。

5　九州年号

九州年号の存在を示すものはきわめて多い。

「本朝の年号（の初め）継体十六年壬寅、善記元年。〔略〕今按ずるに、神武元年辛酉より継体十五年辛丑に至るは、千百七十一年なるか。但し甲寅年神武即位の説これ在り。若し此の説に拠らば、一千百七十八年なるか。此れより以後、大宝に至るまで相続すると雖も、普通は記してこれを載せず。大略、大宝以後を以て此れを載するなるか」（『古事類苑』所載『濫觴抄』本朝年号、荒金卓也『九州古代王朝の謎』より）

継体十六（五二二）年、善記と呼ばれる日本最初の年号があったと述べる。

また、「二中歴」の倭国年号があげられている（荒金・前掲書）。

継体、善記、正和、教到、僧聴、明要、貴楽、法清、兄弟、蔵和、師安、和僧、金光、賢称、鏡当、勝照、端政、告貴、願転、光元、定居、倭京、仁王、僧要、命長、常色、白雉、白鳳、朱雀、朱鳥、大化

『海東諸国紀』は述べる。

「継体天皇、応神五世の孫なり。名は彦主人なり。元年は丁亥、十六年壬寅、始めて年号を建て善化となす」

継体天皇は善化という年号を建てたとする。

さらに文武天皇の部分で述べる。

「文武天皇、天武の孫なり。母は元明。元年は丁酉、明年戊戌、大長と改元し、律令を定む。四年辛丑、大宝と改元す」

大長四（七〇一）年、文武天皇は大宝と改元し、律令を定めたとする。

次のことが明らかにされる。

「日本国の歴史としては、まず倭国が建元して善記（化）を建てて以後、倭国の年号が続いた。その後王国の交替があって大和朝廷が倭国最後の年号を改元して大宝を建てたのが現今の平成まで連続している」（荒金・前掲書）

『襲国偽僭考』（鶴峯戊申）は述べる。

「継体天皇十六年、武年を建て善記といふ。是、九州年号のはじめなり。

年号、けだし、善記より大長にいたりて、およそ一百七十七年其間年号連綿たり。

善記、襲の元年、継体天皇十六年壬寅、梁書通三年にあたる。海東諸国記、善化につくる。大長、文武天皇二年戊戌大長元年とす。〔略〕九州年号ここに終る。今本文による引所は九州年号と題したる古写本

表11　九州年号表掲載史料

	善記	正和	教到	僧聴	明要	貴楽	法清	兄弟	蔵知	師安	知僧	金光	賢称	鏡常	勝照	瑞政	告貴	願転	光充	定居	倭京	仁王	聖徳	僧要	命長	常色	大和	大長
和漢年代記						○	○	○	○	○	○	○	○	○	○	○	○	○	○	○	○	○	○	○	○			
皇代記	○	○	○	○	○	○	○	○	○	○	○	○	○	○	○	○	○	○	○	○	○	○	○	○		○		○
二中暦	○	○	○	○	○	○	○	○	○	○	○	○	○	○	○	○	○	○	○	○	○	○		○	○	○		
麗気記私抄	○	○	○	○	○	○	○	○	○	○	○	○	○	○	○	○	○	○	○	○	○	○	○	○	○	○		
海東諸国紀	○	○	○	○	○	○	○	○	○	○	○	○	○	○	○	○	○	○	○	○	○	○	○	○	○	○	○	○
如是院年代記	○	○	○	○	○	○	○	○	○	○	○	○	○	○	○	○	○	○	○	○	○		○	○	○	○		○
春秋暦略	○	○	○	○	○	○	○	○	○	○	○	○	○	○	○	○	○	○	○	○	○	○	○	○	○	○		○
塩尻	○	○	○	○	○	○	○	○	○	○	○	○	○	○	○	○	○	○	○	○	○	○	○	○	○	○		○
萬葉緯	○	○	○	○	○	○	○	○	○	○	○	○	○	○	○	○	○	○	○	○	○	○	○	○	○	○	○	○
衝口発	○	○	○	○	○	○	○	○	○	○	○	○	○	○	○	○	○	○	○	○	○	○	○	○	○		○	○
和漢年契	○	○	○	○	○	○	○	○	○	○	○	○	○	○	○	○	○	○	○	○	○	○	○	○	○	○	○	○
古代年号	○	○	○	○	○	○	○	○	○	○	○	○	○	○	○	○	○	○	○	○	○	○	○	○	○		○	
襲国偽僭考	○	○	○	○	○	○	○	○	○	○	○	○	○	○	○	○	○	○	○	○	○	○	○	○	○	○	○	○
清白土集	○	○		○	○	○	○	○	○	○	○	○	○	○	○	○	○	○	○	○	○	○	○	○	○	○	○	
紀元通略	○	○			○		○		○	○		○			○	○	○		○	○	○	○	○				○	○
茅窓漫録	○	○	○	○	○	○	○	○	○	○	○	○	○	○	○	○	○	○	○	○	○	○	○	○	○	○	○	○
逸年号考	○	○	○	○	○	○	○	○	○	○	○	○	○	○	○	○	○	○	○	○	○	○	○	○	○	○	○	○
靖方溯源	○	○	○	○	○	○	○	○	○	○	○	○	○	○	○	○	○	○	○	○	○	○	○	○	○	○	○	○

（出典：李鍾恒『韓半島からきた倭国』）

によるものなり」（所功『年号の歴史』）

古写本より引用したものであるが、継体天皇十六年、武が善記という年号をつくり、それが襲国の元年であり、あと一七七年、年号が続いたとする。合わせて武の実在も示す。

各種の史料に載っている年号名（二十八個）について、各史料における掲載の有無を示す表が明らかになっている（表11、李・前掲書）。

これに白雉、白鳳、朱雀、朱鳥の四つを加えた九州年号表が示される（表12）。名称の一部は確定していない（古田武彦『日本古代新史』）。

九州年号の存在について次のことが言える。

① 年号については一代一年号の制度もないし、一代で多くの年号が制定されることも多い。しかし、主権者である王が代われば年号も変わるのが基本的原則である。この点から見ると、

● 継体十一（五一七）年という、近畿王朝から見ると中途半端な年に、善記という年号が制定され、武が制定したとする。

表12　九州年号表

	西暦（干支）	天皇代	年号	備考
1	五二二（壬寅）	継体一六	善化	別名、善記
2	五二六（丙午）	〃二〇	正和	
3	五三一（辛亥）	〃二五	発倒	別名、教倒
4	五三六（丙辰）	宣化一	僧聴	
5	五四一（辛酉）	欽明二	同要	別名、明要
6	五五二（壬申）	〃一三	貴楽	
7	五五四（甲戌）	〃一五	結清	別名、法清
8	五五八（戊寅）	〃一九	兄弟	
9	五五九（己卯）	〃二〇	蔵和	別名、蔵知
10	五六四（甲申）	〃二五	師安	
11	五六五（乙酉）	〃二六	和僧	別名、知僧
12	五七〇（庚寅）	〃三一	金光	
13	五七六（丙申）	敏達五	賢接	別名、賢称
14	五八一（辛丑）	〃一〇	鏡当	別名、鏡常
15	五八五（乙巳）	〃一四	勝照	
16	五八九（己酉）	崇峻二	端政	
17	五九四（甲寅）	推古二	従貴	別名、告貴
18	六〇一（辛酉）	〃九	煩転	別名、願転
19	六〇五（乙丑）	〃一三	光元	別名、光充
20	六一一（辛未）	〃一九	定居	
21	六一八（戊寅）	〃二六	倭京	
22	六二三（癸未）	〃三一	仁王	
23	六二九（己丑）	舒明一	聖徳	
24	六三五（乙未）	〃七	僧要	
25	六四〇（庚子）	舒明一二	命長	『日本書紀』に大化（六四五）あり
26	六四七（丁未）	孝徳三	常色	
27	六五二（壬子）	〃八	白雉	『日本書紀』に記録
28	六六一（辛酉）	斉明七	白鳳	
29	六八四（甲申）	天武二	朱雀	
30	六八六（丙戌）	〃一四	朱鳥	『日本書紀』に記録
31	六九五（乙未）	持統九	大和	
32	六九八（辛丑）	文武二	大長	

＊「二中歴」では最初の年号、継体（継体天皇一一年、五一七年）がある。

＊大長の次の年号として大宝であり、七〇一、辛丑文武五年にあたる。

＊『日本書紀』に出る名として白雉、朱鳥がある。また、大化（六四五）の年号を別に記す。

（出典：古田武彦『日本古代新史』より改変）

●天皇即位時に制定されたと見られるのは僧聴と聖徳以外にない。これは偶然に一致したと見られる。また、「紀」にはその年号制定の記録がない。

②「紀」での大化の時期は六四五～六五〇年である。しかし、この時期は九州年号では命長六年～常色四年である。大化の年号が広まっていたら、命長・常色はその

年号と関係なく作ったことになり、不思議なことである。つまり、大化の年号が一部のもので、別の政権が命長・常色の年号を使用していたと見ると理解できる。

③「紀」の記録によると、孝徳天皇の部分で「皇極天皇の四年を改めて大化元（六四五）年とした」とある。その後の年号として白雉（六五〇〜六五四年）を作って中止している。その年号は一時期のもので、近畿王国のものは定着しなかった。だから大化から年号が開始されたわけではない。一方、九州年号は命長・常色と継続するだけでなく、それ以前のものも確認できて、長期に継続している。

④　近畿年号の初期年号の制定経緯は次である。

孝徳天皇の元（六四五）年を大化元年とした。
大化六（六五〇）年の時、白雉元年とした。
天武十四（六八六）年を朱鳥元年とした（しかし、元年のみの年号である）。
天武五（七〇一）年、大宝元年とした。
これらを九州年号と対比させる。

六四五　六五〇　六五五　六八六　七〇一
大化→白雉→　朱鳥　大宝→

六四〇　六四七　六五二　六六一　六八四　六八六　六九五　六九八
命長→常色→白雉→白鳳→朱雀→朱鳥→大和→大長

●六四五年の大化制定時にほかの年号は存在し、大化は一時期のものであった。
●大化、白雉のあと中断し、朱鳥は一年のみで、七〇一年に大宝が制定され、それ以後は連続している。

●大化、白雉、朱鳥はほかの年号と重複しており、命長～大長までの年号は大和朝廷の天皇の元年に開始されていない。これらの年号は別の王が制定したと推定される。

●九州年号は近畿年号開始以前よりあり、しかも大長まで中断することなく継続している。

結論的に次のことが言える。

九州年号は近畿年号より以前から存在し、近畿年号は大化、白雉、朱鳥とあるが中断し、大宝以後については年号は統一され、継続している。つまり、九州王国が存在し、年号も別個にあったが、大宝以後は列島全体が近畿朝廷によって統一された。そのため、年号の並列もなくなったと考えられる。

年号から見ると、一時期二つの王国が存在していたことになる。そのうえ、年号利用について九州王国が長期に継続して使用しており、使用時期も早い。

二　磐井の乱

磐井の乱は「紀」によると、継体天皇の二十一（五二七）年に北九州に起こり、翌二十二年に終わった。磐井は主として新羅と結び、大和政権は従来の経緯から百済と結び、朝鮮半島の形勢と深く結びついたものであった（小田富士雄編『磐井の乱』、天本孝志『古代朝鮮動乱と筑紫国』、李鍾恒『韓半島からきた倭国』、井上光貞『神話から歴史へ』、田村圓澄他『古代最大の内戦　磐井の乱』など）。

1　五、六世紀の朝鮮半島

朝鮮半島の形勢を見ると、北部では高句麗が、南部では百済、新羅および加耶諸国が並立し対立していた。特に半島南部の中央部では加耶、伴跛、倭、任那などの小国または部族が分立し、対立していた。しかし、一つの国を形成していたものでない。

「紀」によると、四世紀後半、倭人は任那を根拠地にして戦い、その動きは五世紀にも続いていた。

しかし、任那については半島南部にいた倭人または加耶人の部族集団にすぎなかったとする説もある（李・前掲書）。また、倭または倭人が半島の南部に広く居住していた。

五世紀、高句麗は中国の北魏、梁王朝から冊封を受け、半島北部で大きな力を持っていた。南進する高句麗に対して百済、新羅、加耶などは圧迫を受けるとともに、相互に対立することが多かった。

しかし、五世紀末から六世紀前半において今までと異なる動きが生じていた。

(a)　新羅の台頭

五世紀の新羅が高句麗の強い影響下にあったことは、広開土王碑に見える高句麗との関係や長寿王代の南進から知られる。

しかし、六世紀に入って新羅の台頭が生じていった。

智証王の代の五〇三年に初めて国王の称号と国号新羅を定め、官僚機構の整備がなされていった。「（五〇五年）六年春二月、親しく国内の州郡県を定めて悉直州を置く」（「新羅本紀」）

五五三年の真興王の代に地方支配の軍事機構として軍主を置いた。一方、中央における軍事の官僚制としては五一七年（法興王の時代）に兵部の設置があり、続いて中央、地方の軍制を整備した。

五二〇年、律令を頒布し、官人の服制を整備し、上大等（政治機構の中枢を占める官職）を置いている。

真平王の代には官制の設置が画期的に進められた。

「智証、法興両代に新羅の支配領域の拡大にともなって軍事機構の官僚化がはじまり、六世紀中葉以後の真平王代に租税関係の官僚機構及び官僚制度全体の整備がおこなわれた」(鬼頭清明「継体朝と東アジア」〔小田編・前掲書〕)

(b) 百済

五世紀の百済は高句麗の広開土王、長寿王二代にわたって強い圧迫を受けていた。

四七五年に長寿王は百済の都漢城を占領し、百済は熊津に都を移した。

五世紀末には高句麗、新羅の対立が深まったが、この間に次第に官僚機構を整備していった。対外的には南朝鮮の加耶諸国の支配を強め、特に聖明王(五一三〜五五四年)の時代には国力が充実していた。

「紀」によると、大和政権との関係が深かった。

(c) 倭と南朝鮮

日本または倭は五世紀から六世紀にかけて、朝鮮と深い関係を持っていた。

『宋書』によると、倭の五王がたびたび使いを送っている。その中での官職名について朝鮮との関係を示すものが多く、戦争を実施している。特に武の上表文にはこれが推定できる。

『三国史記』の「新羅本紀」には、五世紀において倭の侵攻がたびたび実施されている。また「百済本紀」には倭との通商を示すものが多い。朝鮮半島の両岸に倭または倭国が活発に活動していた。

さらに「紀」には継体紀、欽明紀に南朝鮮に関する記事がきわめて多く、倭の活動が記録されている。

2　磐井の乱の経緯

五世紀後半の状況は六世紀に入って大きく変わり、新羅の台頭と百済の南進が生じ、朝鮮半島の倭の動きは大きく変わっていった。

雄略天皇の頃から大和王国または倭国の南朝鮮支配が後退し、任那諸国の日本からの自立、百済の任那侵略が始まっていた。

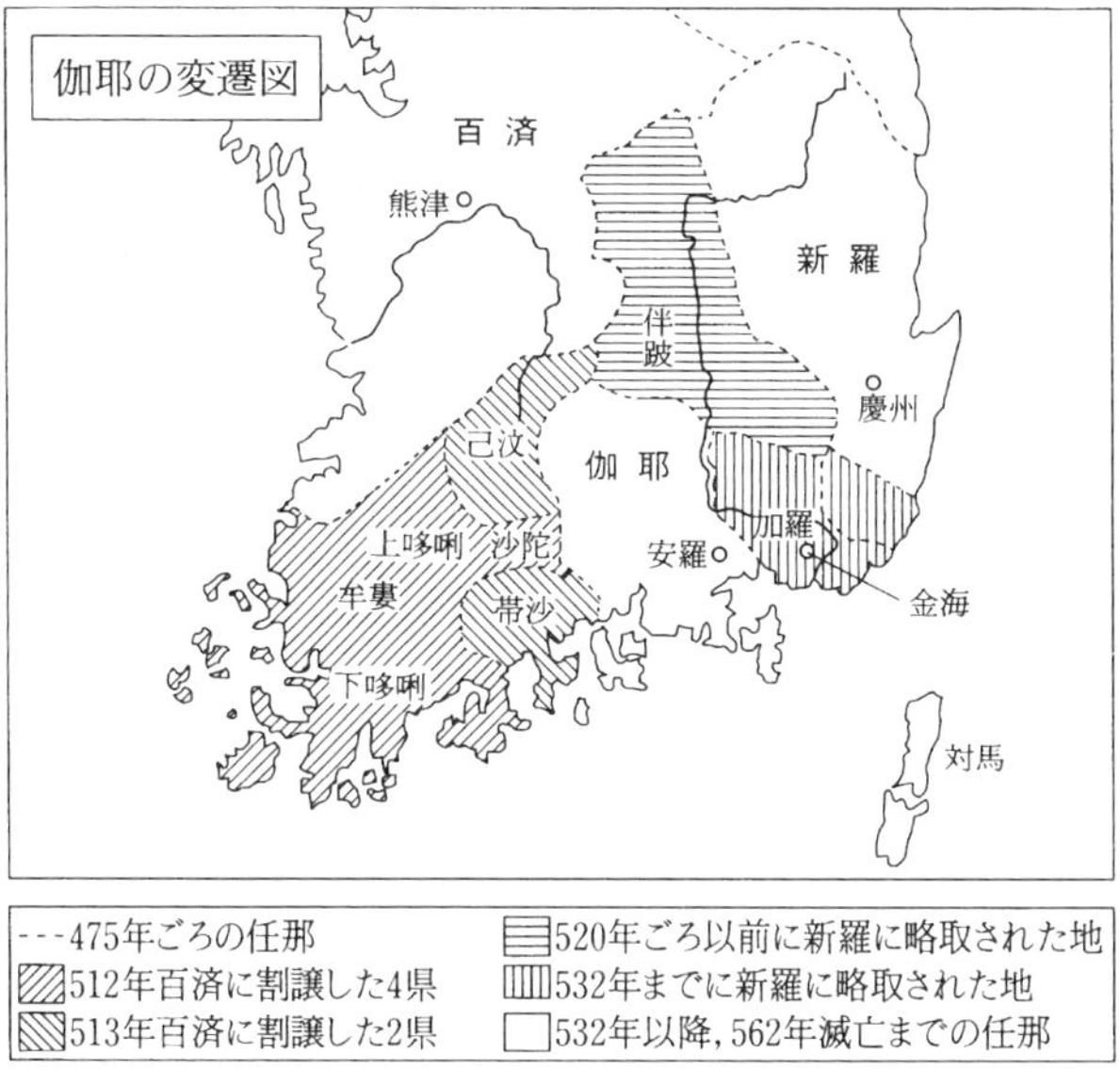

図15　伽耶の変遷図（出典：天本孝志『古代朝鮮動乱と筑紫国――宇美神社創建の謎』）

その後退を示す加耶の変遷図を示す（図15）。

「紀」によると、継体天皇の三（五〇九）年に百済が任那領内の百済人の変遷を要求してきた。「百済本紀」には日本が久羅麻致支弥を送って要求に応えたとされる。

さらに三年後の五一二年には百済が任那領域のうち、その南半の上哆唎、下哆唎、娑陀、牟婁の四県を百済に割譲する要求を大和王国に押しつけてきた。この仲介に立った哆唎国守穂積臣押山は「この四県は日本からあまりにも遠方ですが、百済にとって地続きで大切な所ですから、今この好餌を百済に与えることは日本にとって不利でなく、かえって両国の関係を好転させることになるでしょう」と建言した。朝廷では会議がなされたが、大伴金村が応じ、物部麁鹿火は途中から反対の意向を示した。金村はこれを押し切って割譲してしまった。天皇はこの会議に出ていなかったとされ、二人は百済から賄賂を取っているといううわさも流れた。

日本が任那のためをはからず、百済の意のままになる態度を示したので、任那諸国の日本への不信が急激に高まった。翌年には任那北部の大きな勢力であった伴跛国は日本の命を聞かず、己汶を奪取した。こうして南朝鮮の経営が泥沼に入っていった。

同じ頃、新羅には五一四年に法興王が即位し、新羅は東部から任那を侵略し始めた。

五二二年には加羅国王が新羅王家と婚を通じた。

五二七（継体天皇二十一）年、日本は体勢挽回の軍を起こした。六月、近江毛野守は六万を率い、任那に向かって発進した。新羅に破られた加羅、喙己呑を取り返し、任那を復するためである。この時、北九州の磐井が乱を起こした。

磐井は以前から機会をうかがっていたが新羅はこれを知り、「紀」によると、密かに賄賂を磐井に送り、毛野臣の軍が海を渡るのをさえぎるよう求めた。磐井は乱を起こし、肥前、肥後、豊前、豊後などをおさえ、外は海路を断ち、内は毛野臣の軍の発向をさえぎった。

朝廷では物部麁鹿火に軍を授けて筑紫に送り、五二八年、筑紫御井郡で磐井の軍とあたり、勝利し、これを切った。磐井の子の葛子は父の罪に座して殺されることを恐れ、糟屋の屯倉をたてまつり、命は助かった。

このあとも、毛野臣は朝鮮半島の事態を収拾しようとしたが、成功しなかった。百済、新羅とも日本の朝鮮政策の混乱を見ていたからである。

これらの事件について、加耶諸国が新羅、百済に併合されていき、五世紀の倭の五王のような強大な力が弱まり、政治的自立を求めていく傾向が見られる。

乱の発生について諸説がある（天本・前掲書など）。

①　朝鮮半島の地理的優位性を生かしてきた磐井が、それまで独自に築いてきた中国、朝鮮との自主的外交と独自の行政権を確立しようとして、中央（継体）を排除するため、筑・肥・豊を合わせた三カ国連合の支持を得て決起した。反乱でなく、乱である。

②　対決にまで至ったのは、継体政権が一方的に加耶諸国を犠牲にして百済のみを支援し、軍事的・経済的負担を一方的に筑紫国に強いてきたからである。百済救援として筑紫軍は再三にわたって半島に出兵を命じられた。例として四七九年、新羅と百済の戦争にあたり、筑紫軍五百人が派遣させられた。こうした過重な負担に対する抵抗である。

③　九州にいた人々の中には朝鮮半島から渡来した人々が多数いて、中央の百済のみに偏した外交政策に批判的であった。

④　磐井は百済のみに片寄る政策には批判的であり、新羅の台頭を考えて、新羅を含む友好を意図した。

⑤　大伴金村は南朝鮮に対して、新羅を敵視し、百済に対しては先進文物の貢納を求め、その見返りに支援として加耶諸国の国土を割譲した。また、国内的には磐井の権力を奪い、それまでの間接的地方支配から直接支配に切り変えていた。

このように、二つの勢力には根本的に相入れない部分があった。

磐井は新羅を敵視する大和政権の半島政策の偏向を指摘し、台頭してきた新羅と結び、中央の支配に対抗しようとして、筑・肥・豊などの地方政権と結んだ。「紀」からは乱の直接的原因が大和政権の中央支配の強化であるととれ、または対立していた二つの政権の戦いともとれる。

3　乱の性格

(a)　背景にある朝鮮半島の三つの事件

①　任那四県割譲。

委意斯移麻岐弥の上奏に基づいて上哆唎、下哆唎、娑陀、牟婁の国を割譲したもので、継体六年に見える。百済が使いを送り、任那国の四県を欲しいと願った。朝廷内の対立があったが、その割譲をした。

この記事は信じられない。自国の領土の一部を一つの勅命によって他国に割譲することはあり得ない。「百済本紀」によると、四つの地域が百済の支配下になったとするので、倭（南朝鮮の一部族）が何らかの事情で百済の支配下に入ることを望み、大和王権の了解を求めたのか、報告をしたものである。逆に言えば、かつては倭の一部であったことを示し、大和王権はその処理を受け入れたが、九州王権（または磐井）はそれを望まなかったと見られる。

次の解説を引用しておく。

「継体四年四月にみえる四県割譲の記述であるが、これは七年夏六月に『百済本紀云委意斯移麻岐弥』という注記があることから、『百済本紀』にも記載があったことが素材の一つになっている。それと穂積臣押山と大伴大連との関係については事実かどうかは確証がない。確認できることは委の意斯移麻岐弥の上奏に基づいて四つの地域が百済の支配圏にくみこまれ、これを大和政権が認めたことである。この事件の中心になった人物が委の意斯移麻岐弥と称していることは注意を要することである。この四つの地域が百済に南接していたものと考えられるが、それも哆唎国守である委の意斯移麻岐弥の発議で百済の支配下にくみこまれたことはかつては上哆唎などの四国は委＝倭に従属していたことを示唆する。そして百済が支配領域へ併合したことは前述したような百済の南進の結果である。一方そのような動向に対して倭ないし、大和政権は防止できなかったことを示している」（鬼頭清明「継体朝を考える」〔小田編・前掲書〕）

② 継体七年七月、伴跛国が百済に従属する己汶地を略取しようとした。伴跛は加耶諸国の一つと見られ、百済、新羅に対して政治的自立を求め、軍事力によって実現しようとした。これに対して大和政権の力が及ばなかったことを示す。

③ 継体二十一年に始まるもので、新羅に併合されていた喙己呑、南加羅を大和政権が復興させようとした。この時、近江毛野の軍に対して磐井が戦争を起こした。

これらにおいて、次のことがあった。

●百済、新羅に挟まれた地域が次第に両国に併合されていく。

●百済と大和政権とのつながりがある。

●磐井は独自の軍と外交を持っていた。また新羅との通交を重視した。

(b)　磐井の勢力

磐井は筑紫君や筑紫国造とも記され、大和王権に対して一定の政治的関係があったとしても、その独立性はきわめて強かった。

北九州の地理的条件は朝鮮、中国と近く、根拠地となった現在の福岡市の北部には良港があり、八女地方の筑後川や矢部川を通っても有明海に至る。海外との通商にきわめて恵まれた地域である。近畿から見て独立した地域であり、新しい文化を近畿から導入する必要がない。

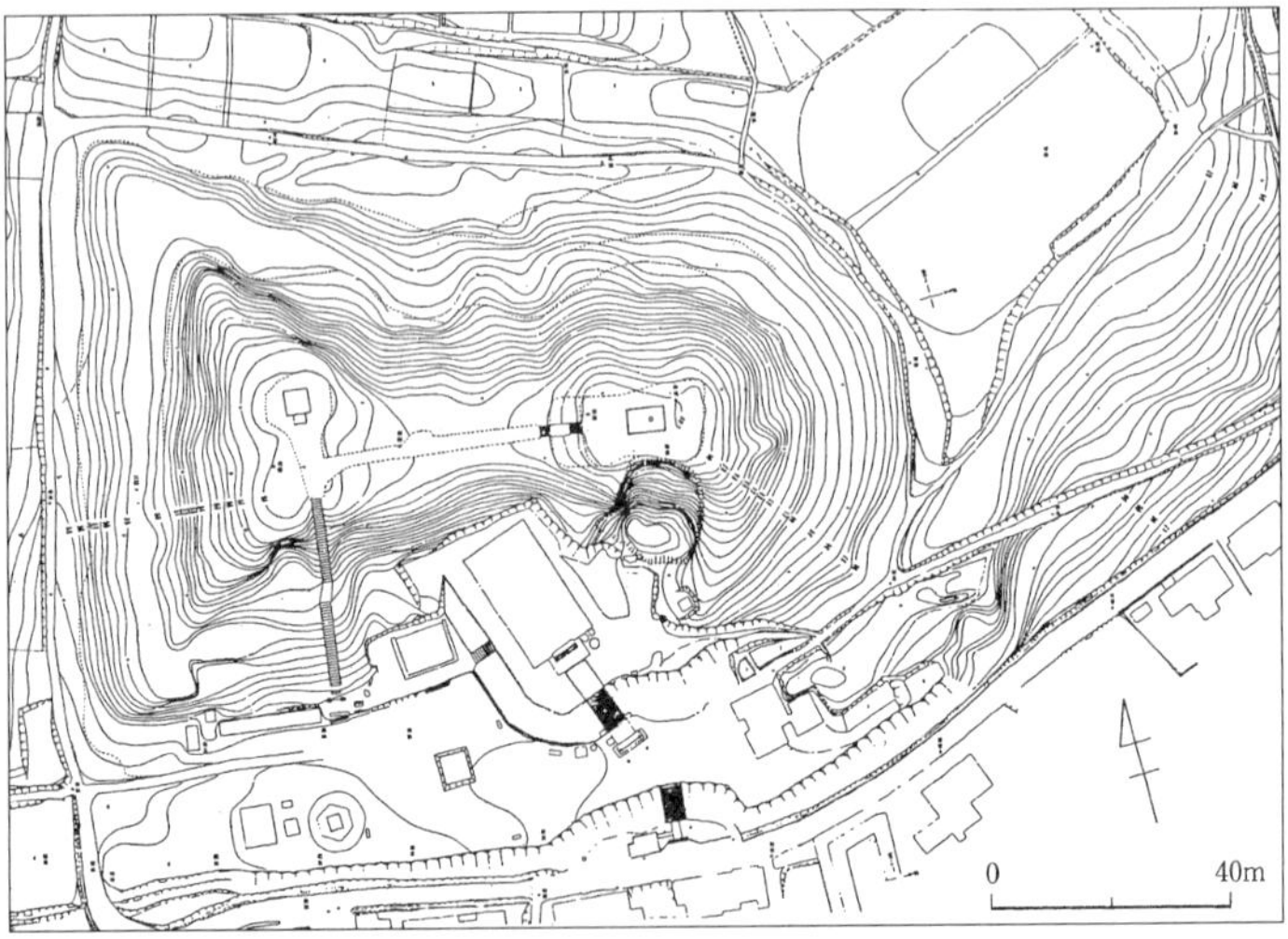

図16　岩戸山古墳（八女市教育委員会提供）

朝鮮半島南部の加耶などと深い関係があり、半島の情勢にも明るく、将来の外交として新羅の急速な台頭を考えてその関係を強めていた。六世紀に入って新羅が大きな勢力になったのは歴史的事実であり、朝鮮半島は七世紀末、新羅によって統一された。

磐井の墳墓とされる岩戸山古墳は八女地方にある。その規模について『筑後風土記』にふれられている。

「上妻の県、県の南二里に筑紫君磐井の墳墓あり。高さ七丈、周り六十丈なり。墓田は南と北と各々六十丈、東と西各々四十丈なり」

古墳の墳丘全長は一三〇メートルを超えており、周囲の堀などを含めると総長一八〇メートルにもなり、北部九州最大である（図16）。

古墳は八十基ほどが確認され、主なものとして石人山古墳、神奈無田《じんなむた》古墳、岩戸山古墳などがあり、十基の前方後円墳が確認されている。

また、ここから出土する石人・石馬は九州独特のものであり、分布として、福岡・熊本・大分・佐賀にまたがっている。

さらに、古墳から次のことがわかる。

「衙頭をもち、それを政所と呼び、独自な『解部《ときべ》』という裁判官をもっていた。これは独自な政権であり、『衙《が》』の意味は政治をする所ととれる。

これを倭の五王と関連させると、五王と強いつながりがあり、三〜六世紀の中国の用法は『将軍もしくは大将軍の本営』をさす」（古田武彦『日本古代新史』）とあり、衙の使用は「紀」になく、直接中国から入ったものである。

古墳の大きさも畿内の最大級のものにひけを取らない。規模が大きいこと、独自性があること、新文化を取り入れていること、地域的広がりがあることから、長期にわたって力を蓄え、その力が際立って大きかったと考えられる。

(c)　磐井と継体政権との関係

朝鮮と関係が深く、その情勢をよく知っていた磐井は、百済だけでなく新羅との関係を強めていた。将来の台頭を考えて自主的な外交を進め、逆に継体政権は百済を支援した。

磐井は「紀」に筑紫君とも筑紫国造とも記され、古墳の形が前方後円墳のため継体政権と一定の政治的関係があったと見られる。

ただし、「紀」で「筑紫国造磐井」と記すのは一カ所のみであり、ほかでは磐井または筑紫君である。子の葛子は筑紫君葛子とする。「記」や『筑後風土記』には「国造」とされていない。

この国造について次を引用しておく。

「五世紀ごろ、服属した地方首長が大王の地方官国造として任命され、六世紀になると、国造の一円的領域支配内に皇族や中央豪族の私有民である部の民が設定され、大化改新によって部民のたて割り支配を廃止して国造支配の状態に白紙還元し、その国造を郡司に任用して公民制が実現したなどという歴史は史料的根拠が薄弱なのです。日本の古代国家の形成は六世紀ごろから本格化するのであり、磐井の祖先が『国造』であったなどということはなかろうと思います」（山尾幸久「文献から見た磐井の乱」（田村圓澄他『古代最大の内戦　磐井の乱』））

そして「国造」は六七〇～七〇二年頃に整備されたとする。

「紀」には乱後に境を定め、葛子が屯倉を献じたとするので、この地域の国造の実施は乱後と見られる。乱は大和政権が国造制を実施しようとしたことが原因の一つと見る。

九州王国には強い自主性があり、独自の軍と外交を推定させる。磐井が外交・軍事において大和政権に従っていたとは考えにくい。同様な国が、毛野（東国）、出雲、吉備にもあったと見られる。

「このような地域政治勢力と畿内の王権との連合と従属は地域的区分、租税、官僚、抑圧機関としての軍隊という四要素をもつ国家による支配関係でないと考える」（小田編・前掲書）

畿内の王族が一元的に統一体の中心にいたものでない。磐井は北部九州の王として自主的な支配者であった。外交的にも軍事的にも独立の動きをした。

磐井の乱は、このように地方の独立性が強く、完全には全国が統一されていない時期の事件と見る。北九州の王国は朝鮮に近く、先進的文物や技術の導入ができ、食料取得にも恵まれていたから独立性は高かった。倭の五王や石人、石馬はその大きな証拠となる。

継体政権は列島内部の権力拡大のため、部民制の拡大や屯倉制の拡大を目指していた。しかしその制度は未熟であり、全国的に及ぶものでなかった。「紀」には五～六世紀の政治的乱についても吉備の乱、武蔵国造の乱がふれられている。継体自身も近江の豪族の出身で長い権力闘争のあとで天皇になったもので、その力は確固としたものでない。前に述べたように、対外政策も消極的であった。

(d) 北九州王国と大和政権の違い

① 継体政権が前代までの天皇と血縁的に連続していたかは不確実である。確認できることは血縁の薄い地方（近江）豪族が長期の権力争いののちに王についたことである。これに対して北九州を根拠地とする倭の五王はその継続性が推定できる。

② 倭の五王は朝鮮半島に軍を送るだけでなく、軍事力を背景にして宋への朝貢と冊封を受けていた。宋の力によって半島における力を強めるだけでなく、進んだ文化を取り入れ、半島からの人々を受け入れることもしていた。

継体政権は百済、加耶に対して大国としてのぞみ、朝貢をうながしている。継体直前の諸王が宋に使いを出している記録はない。政権は全国統一するほど強大なものでなく、中国に対する姿勢も独立国の王（天皇）と見られ、冊封を受けていない。

③ 継体政権は部民制や屯倉の拡大をして列島内部の支配を目指していた。北九州王国の動きは不明である。しかし、近隣の豪族との関係は国としての統合でなく連合ととれる。一元的な政治的組織を確立していなかった。王国内では衙頭という政所を持ち、独自の裁判制度を持っていた（『筑後風土記』）。一つの独立国を形成していた。

（e）戦いの重大性

磐井は肥・豊二国と結び海路を封鎖し、百済、任那などからの貢船を奪った。さらに磐井は毛野臣に対して「お前らは今は王朝の使者だが、昔は同じ釜の飯を食った仲だ。お前らの命令には従わない」として毛野軍を海上に阻止した。二人の関係として、二人とも大和にいたのか、九州にいた毛野臣が大和に行ったのか不明である。

戦いの重大性について「紀」は述べる。

「天皇は将軍の印授を物部麁鹿火大連に授けて、長門より東の方は自分が治めよう、筑紫より西はお前が統治し、賞罰も思いのままに行え、一々報告することはない」としている。

戦いは継体政権側から起こしているようにもとれ、戦いの直前に筑紫君の領土を分割する取り決めをしている。ここから逆に、筑紫君は長門より東部をも支配していたとも推定できる。おそらく中国地方の一部を含んでいた。戦いは地方の反乱でなく、列島を二分する戦いであり、乱であった。

（f）史料からの北九州王国の動き

九州王国は独立的性格が強く、倭の五王は北九州に根拠地を置いていた。倭王が各種の将軍号を受けるのは四三八～五〇二年頃である。この時代には倭王が朝鮮半島で活発に活動していた。その具体的動きとして、

- 南朝鮮の一部の人を列島へと渡来させる。
- 鉄や鉄製品の通商をする。
- 南朝鮮の倭人の活動を援助する。

◉北九州より兵を送る。

これらを直接的に記したものは少ないが、将軍の除正を度々している。具体的には四三八年、四四三年、四五一年、四六二年、四七七年、五〇二年である。

この中でも次が確認できる。

「(四三八年) 珍または倭隋ら十三人に平西、征虜、冠軍、輔国の将軍号を除正せられんことを求む。詔して並びに聴す」(『宋書』「倭国伝」)

十三人に宋の将軍の称号が授けられ、その後四五一年にまた別の二十三人に同じような将軍の称号が授けられている(山尾幸久「文献から見た磐井の乱」(田村他・前掲書))。

これらの将軍は倭国(拠点地北九州)の人と見られ、朝鮮半島に渡り、また直接南朝鮮で軍事行動をして将軍号を受けた。

これらの将軍が近畿から派遣されたとするのは不自然である。四三八年および四五一年は允恭の時代と見られ、「紀」にはこの事実がない。さらに政権の基盤が弱く、玄界灘を渡り南朝鮮まで行く政治的理由が乏しい。軍隊が何回か南朝鮮に派遣されているが、軍の主力は北九州より向かっている。

「紀」によると雄略二十三年、百済の王が亡くなり、幼くとも聡明な新しい王を、筑紫国の兵五百人を遣わして国(百済)に送り届けられた。これが東城王である。筑紫の安政臣《あちのおみ》、馬飼臣《うまかいのおみ》らは船軍を率いて高句麗を討った。

近江毛野臣は衆六万を率いて任那に行き、新羅に破られた南加羅、喙己呑を回復し、任那に併せようとした。

四七八年、武は上表文を宋に提出している。この中で朝鮮半島での倭国の活動が推定できる。

これらの半島での動きは五世紀中頃から継続的になされ、このことは前に述べたように、『三国史記』の「新羅本紀」において、三五一～五〇〇年までに倭の進攻についての記事がきわめて多いことからもわかる。一方、「百済本紀」には、倭との良好な関係が記される。つまり、

- 倭は新羅とは敵対的であり、その行為は一時的であり、長期に領地を占領していない。
- 倭は百済とは友好的である。

『三国史記』（「新羅本紀」、「百済本紀」）において「倭」という文字があらわれた回数が調べられている。括弧内に「紀」における回数も記す（安本美典『応神天皇の秘密』）。倭と新羅、倭と百済との関係を示している。

		三五一～五〇〇年	五〇一～六〇〇年
新羅	敵対的	二三回（五二回）	〇回（八八回）
	それ以外	一回（四六回）	〇回（六三回）
百済	敵対的	〇回（〇回）	〇回（三回）
	それ以外	一〇回（七五回）	〇回（一七〇回）

ここで、三五一～五〇〇年では両国の倭の記事がきわめて多い。五〇一年以降では倭の記事は激減しており、逆に「紀」の記事は多い。

激減した理由として、両国の国力が充実し、倭の侵入を許さなくなったのか、倭の相対的地位が下がり、記す必要がなくなったと考えられる。逆に「紀」の記事が多くなった理由は不明である。

六世紀初の新羅は智証王、法興王の時代であり、その支配領域を拡大するだけでなく、軍事機構、官僚制を整備した。百済にかわって急速な台頭である。この動きが磐井の外交政策としてその関係を深めさせ

た。

一方、大和政権は従来の経緯から百済との関係を重視した。具体的動向として、百済から直接朝鮮文化、中国文化を導入しようとし、百済は新羅との対立もあるから南朝鮮および北九州の倭の兵力を要請した。この動きに対して北九州王国が同意しなかったことがうかがえる。

岩戸山古墳。石人石馬

(g)　北九州王国の規模

『筑後風土記』は記す。

「上妻の県、県の南二里に筑紫君磐井の墓墳あり。高さ七丈、周六十六丈なり。墓田は南北各々六十丈、東西各々四十丈なり。石人石馬各々六十枚、交陣なりて行を成し、四面にめぐれり。東北の角に当りて一つの別区あり、号けて『衙頭《がとう》』といふ。衙頭とは政所なり。その中に石人あり、縦容に地に立てり、号けて『解部《ときべ》』といふ。前に一人ありて、裸形にして地に伏せり、号けて『偸人《ぬすびと》』といふ。生けりし時に猪を偸めり、よりて罪を決められむを擬う。側に石猪四頭あり、『贓物《ぞうもつ》』と号く。贓物とは盗物なり。彼の処に亦石馬三疋、石殿三間、石蔵二間あり」

岩戸山古墳には石人石馬各々六十あり、大きさは東西六十丈、南北六十丈ある。東北の角には別区あり、別区には衙頭があり、

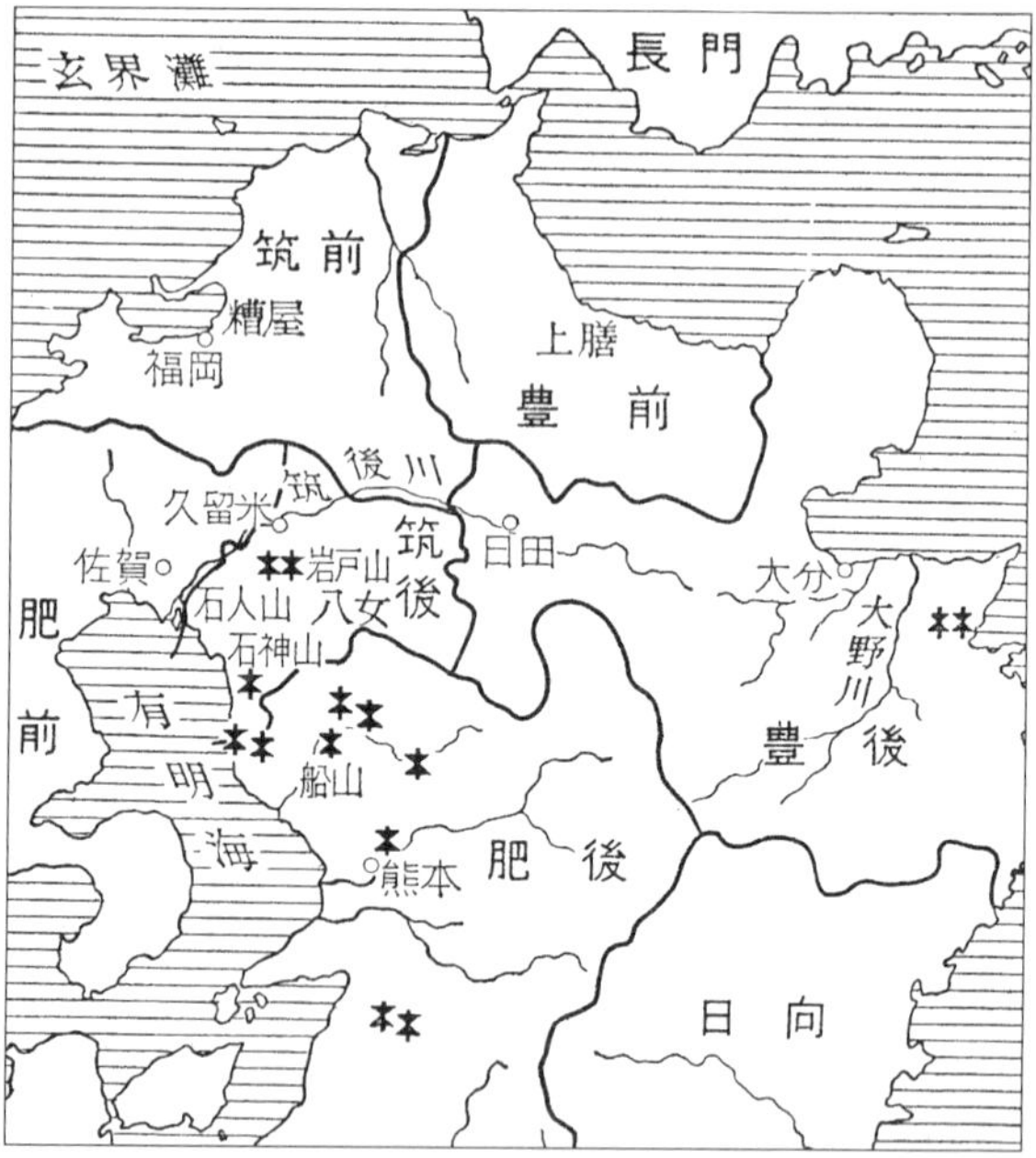

図17　石人・石馬のある古墳の分布（このほか鳥取県西部に１基ある。原田大六氏による）

政所ともいった。磐井が持っていた政治力を示し、裁判も実施していた。

八女古墳群には約八十の古墳が確認されている。石人山、岩戸山、童男山《どうなんざん》などがあり、みやま市には石神山、大牟田市には稲荷山があり、久留米市には御塚があり、大分市には亀塚、熊本県荒尾市には三の宮がある。一つの集計として筑後八、肥前一、肥後十五、豊後二、日向一、伯耆一、計二十八例が確認されている（小田編・前掲書）。

石人、石馬については八女（福岡）以外にも、福岡、熊本、大分、佐賀にもまたがっていた。その分布図を引用する（図17）。

規模が大きく、かつ独立国を推定させる。

(h)　大和政権の動向

大和政権には全国支配の確固とした基盤があったわけではなく、各地に血統を理由に王位に就こうとする者、乱を起こす者があった（田村他・前掲書）。五世紀中～六世紀初の動きを見る。

①　雄略の死と吉備の乱

「二十三年八月、雄略天皇がなくなられた。夫人の吉備雅稚は密かに幼い星川王子に語って『天子の位に登ろうと思うなら、まず大蔵の役所を取りなさい』と云われた。星川皇子は母夫人の意向に従ってついには大蔵の役所をとった」

吉備では上道臣《かみつみちのおみ》が星川皇子の乱の起こったことを聞いて軍船四十隻をととのえ、大和攻撃に向かおうとしたが、乱が鎮圧されたので引き返した。皇太子（のちの清寧天皇）は上道臣らの領する山部を奪った。

吉備の経済力を支えたのはその土地の豊かさで、瀬戸内海の要衝にあり、気候に恵まれ、肥沃な沖積平野がある。その力を示すものとして、古墳について最大規模の仁徳陵、応神陵、履中陵が近畿にあるが、次に大きい造山陵（約三五〇メートル）、見瀬丸山（約三一八メートル）は吉備地方にある。

②　清寧天皇（二十二代）は即位したが子供が生まれなかった。「記」には「この天皇、皇后なく、また御子もなかりき。故、御名代として白髪部を定めたまひき。〔略〕天の下治らしめすべき王なかりき」。清寧王には子供がなく、清寧の兄弟の星川皇子と磐城皇子も殺された。また、雄略の兄の安康にも子供がなかった。王位継承の基本的資格者である皇子は途絶し、王位継承の危機に陥った。

この原因として安康、清寧と子供のない大王が二人続いたことと、兄二人、いとこ三人を殺した雄略がいたためである（水谷千秋『謎の大王　継体天皇』）。

清寧の死の直後、履中天皇の皇女飯豊《いいとよ》が事実上の王位についたが、やがて飯豊が亡くなった。すなわち、清寧五年の一年間に清寧、飯豊が相次いで亡くなり、顕宗《けんぞう》が即位した。血統上の継続が疑われるだけでなく、激しい権力争いを推定させる。

顕宗天皇（ヲケ）と仁賢《にんけん》天皇（オケ）の父親は雄略によって殺された市辺《いちのべの》忍歯《おしは》別《わけ》皇子である。父が殺された混乱の中で危険を感じて淀川を下って播磨国に至った。そこで馬飼、牛飼になっていた。ところが、飯豊の死によって次の天皇になった。

このあたりの「紀」の記事は天皇の生まれ、血縁、権力争いが中心であり、外交や重要な政治事項の記録がない。特に中国への遣使がない。

すなわち、確固とした王権の基盤がない。
③ 群臣は王の血を引く人を探した。播磨（加古川地域）にいた仁徳天皇の子孫の兄弟を捜し出した。これが顕宗（二十三代）、仁賢《にんけん》（二十四代）である。
④ 子供の武烈（二十五代）は即位したが、子供がなかった。また、暴虐な王とされる。
⑤ 近江の生まれの継体（二十六代）が即位した。
近江で生まれ、越前で育ち、応神天皇五代目の子孫とされる。天皇家との血縁が薄く、地方出身者である。激しく長い権力争いの末に即位した。政権基盤も弱い。
⑥ 継体二十一年、近江の毛野臣が兵六万を率いて任那に向かおうとした時、筑紫国の磐井が乱を起こした。
⑦ 安閑（二十七代）は継体の長子である。
⑧ 武蔵国造《むさしのくにのみやつこ》が乱を起こした。五三四年、武蔵国造の職をめぐって笠原直使主《かさはらのあたいおみ》と同族の小杵《おぎ》が争い、それに上毛野氏が介入したものである。この地方は行田市の埼玉古墳群の南方にあり、当時この地方に大きな勢力があった。
次のことが言える。
● 清寧、顕宗、仁賢、武烈、継体、安閑のうち、顕宗、仁賢、継体は実質的に地方出身者であり、特に継体は近江の生まれであり、天皇家との血縁関係はきわめて薄い。

●大きな乱として、吉備と磐井の乱があった。毛野にも地方政権があった。
●政権の基盤が弱く、王位継承について争いが多く、全国を統一していなかった。
磐井は大和政権の混乱に対して独立の軍を持ち、独自の外交を求めた。朝鮮半島における新羅の台頭を見通し、その友好を深めていた。一方、大和政権側では百済と結び、外交を統一するだけでなく、地方（吉備、北九州）の独立的王に対して支配を強めようとしていた。

逆に言えば、全国的な統一政権は成立しておらず、統一を進める大和王国と、独立の軍と独自の外交を持つ九州王国との衝突であった。

また、全国的に見て、出雲、吉備、下野にも地方政権があった。

4　乱後の情勢

継体は物部大連麁鹿火を遣わし、両者の戦いが開始された。継体二十二年春、筑紫の御井郡の戦いで磐井を討った。磐井の挙兵は継体二十二年六月とされるので、戦いは一年余続き、磐井は敗れた。磐井の子・葛子は父の反逆に連座させられることを恐れ、槽屋の所領を屯倉として献上して死罪をまぬがれた。

一方、南朝鮮に対する大和政権の介入は失敗に終わり、百済と新羅に挟まされた地域は次々と両国に併合されていった。

乱の敗北の意味するものとして次の三つがあげられている（田村他・前掲書）。
●岩戸山古墳には多くの石人や石馬が多数並んでいる。きわめて独特なものであり、独自の文化圏や政治力を持っていた勢力が、大和政権の軍事力に敗れた。
●大和政権は北部九州に政治支配のくさびを打つことになった。その最大のものが屯倉であった。

●磐井の朝鮮に対する外交政策は正しいことが証明されていった。新羅の台頭は目覚ましく、五六二年には加耶は統合され、大和政権の朝鮮政策は破綻することになる。

5　任那の滅亡

六世紀の朝鮮は新羅の躍進の時代であった。加耶諸国は百済より新羅との関係を重視した。

五五四年、百済は新羅と戦い大敗した。

五六二年（欽明二十三年）までにほとんどの加耶諸国は新羅に併合された。「紀」ではこれを任那滅亡と記す。

「二十三年春一月、新羅は任那の官家を打ち滅ぼした」

磐井は結果的には朝鮮半島の将来の推移を見ていたことになる。半島に出兵した倭の兵は敗れ、新羅によって加耶諸国が併合されたからである。さらに、半島は新羅によって統一されていく。

三　白村江の戦い

1　戦いのあらまし

(a)　当時の東アジア情勢

初めに略年表を示す（表13）。

表13　白村江の戦い関連略年表

唐、倭国関係	
六四八	「新羅に附して表を奉じ、起居を通ず」（旧唐書）
六五四	遣唐使に対して「倭国は新羅、高麗、百済に接近するから、危急の時は新羅を救けるようにせよ」とする（新唐書）
六五九	遣唐使、六六〇年の百済征討をひかえた唐に止めおかれた（紀）
六六二	白村江で百済遺民、倭の大敗北。「仁執、扶余豊の衆に白江の口に遇い四戦皆捷つ」（旧唐書、百済伝）
六七一	劉徳高、郭務悰らが筑紫に来る（紀） 筑紫君薩野馬帰国

新羅、高句麗、百済関係	
六四二	百済、新羅の四十余城を侵犯（三国史記）
六四三	新羅、百済の領土侵犯を唐に訴える。唐、三国和親の説諭
六五九	新羅、百済の領土侵犯を訴え、唐、高句麗征討の一部として百済成敗を決定
六六〇	唐、百済を滅ぼす。蘇定方等百済を討つ（帝紀）
六六八	高句麗滅亡

注：1　倭国は新羅との関係もあり、唐より新羅を助けよとされているが、百済と結んで大敗している（六六二年。「紀」によると六六三年とされる）。2　倭国は六六〇年百済滅亡後に大軍を派遣している（「紀」による）。3　戦後に唐からの使者来日。しかし、大和朝廷には大きな変化がない（「紀」による）。

六四三年、新羅が唐に百済、高句麗の領土侵犯を訴えた。

かつて隋の侵犯を受けた高句麗は唐に対して警戒心が強く、唐と正面から対立した。百済の新羅侵攻も続けられた。

新羅の内部でも唐に依存する動きと新羅の自主制を求める動きがあった。

六四八年、百済は新羅の慶州近くまで迫り、新羅は唐との結合を強め、そのため各種の唐風化策もとり王権を強化した。

六五一年、百済は唐の高宗に新羅との和解を示されたが聞かず、六五三年、倭国と通交し、唐との対立を選んだ。倭国も新羅を助けよと助言されているが、百済を助けた。

六五五年、唐の高句麗征討が開始され、六六八年の高句麗滅亡まで続く。

六五九年、百済が新羅の二城を奪うと、新羅は唐に救援を求めた。唐は高句麗と併せて百済の成敗を決意した。

(b) 百済滅亡（六六〇年）

五六二年、新羅は任那・加羅諸国を併合し、百済と国境を接するようになった。

七世紀に入って百済は新羅征討に積極的になり、一方、北方の高句麗も南進政策を進め、西に百済、北に高句麗の脅威を受けた新羅は中国の隋、つづいて唐王朝に救援を求めた。

隋・唐は数回、高句麗遠征軍を派遣したが、目的を果たせず、このため方針を変えて先に百済を討つことにした。

六六〇（斉明六）年、唐・新羅連合軍は進撃を開始し、唐将蘇定方は水陸軍十万を率いて白村江に上陸し、新羅軍は黄山原で百済軍を破り、同年百済は滅亡した。

(c)　白村江の敗戦（六六二年）

百済の遺臣たちは百済復興運動を展開し、大和朝廷に対して百済王子豊璋の帰還と援軍を求めた。斉明天皇は朝鮮出兵を決意し、六六一（斉明七）年、援軍を率いて出陣。那大津磐瀬行宮に着いたが、兵を動かさないままで死亡した。皇太子中大兄皇子は称制のまま軍政をとった。将軍らは百済に出陣、六六二年、白村江で唐・新羅連合軍と遇い、海戦となり、大敗した。百済は完全に滅亡した。

『新唐書』（「百済伝」）は述べる。

「劉仁軌を遣わし、舟師を率い、熊津江より〔略〕白江の口に屯す。四遇皆克ち四百艘を火す」

さらに『旧唐書』（「百済国伝」）は示す。

「仁軌（唐将）、扶余豊（百済の王）の衆に白江の口に遇い、四戦皆捷ち、其の舟四百艘を焚く。賊衆大いに潰ゆ。扶余豊、身を脱して走り、偽王子、扶余忠勝、忠志等、士女及び倭衆を率いて並び降る」

なお、戦いは「紀」からは六六三年とされる。

白村江の敗戦後に大和朝廷は唐、新羅と国交を回復したが、唐の軍事力に恐れを抱き防人を配置し、水城を築いた（「紀」）。

2　戦いの実態

この動向の中で次の疑問が生じる。

①　救援軍の構成に九州の出身者が多いだけでなく、「紀」によると別動隊五千人、第二次派遣軍二万

七千人もの大軍を、百済の滅亡後に派遣している。

②「紀」に、海戦に敗れた時の救援軍の細かな戦況、将軍の死、敵の捕虜になった者などの記録がない。朝鮮半島への派遣の責任論がない。大和朝廷も滅ぼされていない。

③六七〇年（戦いの直後）に大和国は唐に使いを出し、「高麗を平ぐるを賀す」として、それまで唐と敵対したにもかかわらず国交を回復している。それだけでなく、急速に統一国家としての制度を整備している。

④『旧唐書』（「倭国伝」、「日本国伝」）、『新唐書』（「日本国伝」）には倭国と日本国と分けて述べ、「倭」について特別な注はない。注のないのは、以前からの「倭」と同一と見られること。また、それぞれにおいて白村江の戦いにふれていない。反面、『新唐書』（「百済国伝」）において倭についてふれているが、その扱いは小さく、「紀」に記す規模、役割が見当たらない。特に二万七千人もの大軍の派遣記事がない。

結論を言うと、この戦いは北九州を拠点とする倭国が独自に行ったものと考えれば、説明がつく。

①の救援軍の構成について、出兵後に唐の捕虜になって帰国することができた人々を「紀」などよりまとめたものが示される（表14、板橋和子「乱後の九州と大和政権」（小田編・前掲書））

全体十四人中、出身の明らかな者について、陸奥一、筑前一、筑紫一、筑後二、肥後一、伊予二、讃岐一、備後一とされる。近畿以西の者が大部分であるだけでなく、近畿出身者がいない。これについて、大和政権に命じられて出兵したともとれるが、倭国（九州拠点）が独自に出兵したととれる。

「紀」による白村江の記録は簡単である。

救援軍全体の細目として「紀」には、

六六一年　百済王子豊璋の帰国と衛送軍五千人
六六二年　新羅方面への攻撃軍二万七千人
六六三年　百済遺臣の救済　万余の軍

とあり、その数は多いとしても、それぞれ個別の目的または戦局を追いかけるもので、実際の戦闘での活動や全体的戦略が見られない。

表14　百済救援軍捕虜帰還者一覧

帰国年	出身国・郡	氏名	出典
天智三年		土連連富杼 氷連老 弓削連元宝	持統四・十・乙丑紀
天智十年	筑紫	筑紫君薩夜麻	天智十・十一・甲午紀
天武十三年	筑前　那珂	猪使連子首 筑紫三宅連得許	天武十三・十二・癸未紀
持統四年	筑後　上陽咩	大伴部博麻	持統四・九・丁酉紀 〃　四・十・乙丑紀
持統十年	伊予　風速 肥後　皮石	物部薬 壬生諸石	持統四・十・戊戌紀
文武慶雲四年	讃岐　那珂 陸奥　信太 筑後　山門	錦部刀良 生王五百足 許勢部形見	続紀・慶雲四・五・癸亥条
	伊予　越智	大領先祖越智直	霊異記・上巻・第十七
	備後　三谷	大領先祖	霊異記・上巻・第七

（出典：小田富士雄編『磐井の乱』）

最も不思議なことは、六六〇年に百済は一度滅亡しているのに、列島のものとして大軍を出兵させていることである。これは中国側の史料に記されていないだけでなく、『旧唐書』（「百済国伝」）に「倭」のことがふれられているのみである。その動きも「紀」のように大規模でない。

この出兵は、百済の回復目的として派遣しているが、この時には百済がすでに守るべき領土がなくなっていること、加えて新羅に対して唐の援助または介入があることを予測していない。

その結果は大敗である。

「紀」の記事が事実とすると、大和国は朝鮮半島の状勢に通じておらず、意味のない戦いをして万を超える人を殺したことになる。それだけの大事でありながら、「紀」には戦いの様子や将軍の死、責任論が書かれていない。しかも、直後に唐との通商が開始されている。倭の動きが実質的に倭国のものであり、大和国のものでなかったと見れば率直に理解できる。

倭国と朝鮮の関係について『新唐書』にこう述べられている。

六五四年に倭国は唐に五升器を献じた。高宗は「新羅が高句麗と百済のために荒らされた時、書を与え、兵を出して新羅を救けよ」としている。これを補うものは『唐会要』(巻九十九、「倭国伝」)とされる。「高宗は言う、王国と新羅は接近して、新羅は以前より高句麗、百済に侵略されており、もし危急があれば王はこれを救うため兵を遣わすべきだ」とする。これは統合後の「日本国伝」に入っているが、直接的には倭国への助言である(ただし倭国は新羅への救援の出兵をしなかった)。

この背景について示される(沈仁安『中国からみた日本の古代』)。

- 半島の状勢は百済と高句麗との相互支援によって決まり、唐としては百済の地を確保すればよく、倭人は遠い夷であり、重要な意味を持たない。よって史料上の扱いも小さい。
- ただし、倭人を介して百済に攻撃の情報がもれることには警戒していた。
- 『旧唐書』(「倭国伝」)によると、六四八年に倭国が「また新羅に附して表を奉じてもって起居を通じた」とするので、両国の間には通商関係があったと見られる。少なくとも六五四年まで百済に対する態度を決めていない。しかし、その動きを警戒した。

これらから倭国が新羅との通商もあり、倭国または大和国は百済戦争の中で重要な役割を持っていなかったことがわかる。一方、「紀」では大和国と新羅との通商はない。当時倭国（九州）の存在が推定される。

六五九（斉明五）年の伊吉博徳の書がある。その中で日本国（大和国）と倭国の遣唐使のことが記され、二国の使いは「わが国（中国）は来年必ず海東の政（朝鮮での戦争）をするだろう」として西京に足止めされ、別の所に幽閉された。

●ヤマトについて、倭国と日本国（大和国）と区別して記録されている。

●倭国の使者が正式なもののようにとれる。少なくともその扱いが異なる。

●それぞれの使者が別に幽閉されている。それらが異なる国の使節団で、その外交方針が異なり、不仲であったからと見られる。

なお、この幽閉が使節団の帰国により唐の百済出兵がもれるのを防ぐためであったのは明らかである。

「紀」における「倭」の記述に次のことがある。

六五四（孝徳五）年に倭種の韓智興という人物が使人と帰国した。

六六一（斉明七）年、韓智興の従者は日本の使節を中傷し、そのために従者の一人が雷に打たれて死んだとする。

これらから当時、日本国と異なる倭国があり、日本国と仲が悪かったことがわかる。このことは中国の史料と対応する。

④について中国の史料の分析を要する。重複する部分もあるが、再考する。

当時の倭国と日本国に関係するものとして『旧唐書』（「倭国伝」、「日本国伝」）、『旧唐書』（「百済国伝」）、『新唐書』（「日本伝」）、『新唐書』（「百済伝」）がある。倭国、日本国および白村江の戦いの部分について抽出する。

『旧唐書』（日本に関連する部分は「倭国伝」と「日本国伝」に分かれている）

「倭国伝」

●倭口は古の倭奴なり。

●倭国は六四八年に至り、また新羅に附して表を奉じ、起居を通ず（新羅との通商が推定される）。

「日本国伝」

●日本国は倭国の別種なり。また倭国はその名が雅ならざるを悪み日本と為す。或いは言う、日本が倭国を併した（日本国は倭国の分派とする）。

●入朝した者が矜大で実を以ていなかった（日本国の始まりについて日本国の使人の言い方に疑いを持った。唐は直前に百済・倭国と戦っていたのでその実情を知っていたと見る）。

「百済国伝」

●六六〇年、蘇定方が兵を統べて百済を討ち破った。五都督府を置いた。

●旧臣らは叛した。使いを倭国に送り、扶余豊を迎え王とした。

●仁軌（唐将）は扶余豊の衆に白江の口で遇い、四戦とも勝った。

●扶余豊（百済王）は旧臣らと倭衆を率いて並び降った（倭は百済とともに戦うが敗れている）。

『新唐書』

倭国伝と日本伝の区別をしないで「日本伝」としているのは、両国が統合されたからであり、その中に倭国の記事が含まれる。

「日本伝」

●日本は古の倭奴である。

●その王の姓は阿毎《あめ》氏であり、彦瀲に至るまで三十二世、筑紫城に居す。

●彦瀲の子、神武立ち、徒りて大和州に治す（神武の東征を示す）。

●目多利思北孤といい、隋の開皇（五八一～六〇〇年）の末に初めて中国と通ず（『隋書』にある多利思北孤の代理の使いと見る）。

●六七〇年、使いを遣わして高麗を平ぐるを賀した。その後日本と号した（逆に言えば、一定時期まで倭国と大和国が並立していた）。

「百済伝」

●六六二（龍朔三）年、劉仁軌を遣わし、四百艘を火す。遺臣たちと倭人は命を請うた（六六二年の戦いで再び敗れた）。

●六六五年、高麗、倭とを新羅とともに侵削し、邑を破り、敵をおとした。

白村江の戦いまでは倭国と大和国（のちの日本国）が並立し、その戦いは〈百済・倭〉対〈唐・新羅〉であった。『旧唐書』によると、仁執（唐将）に敗れた扶余豊（百済王）は、旧臣らと倭衆を率いて並び降ったとあり、このあとで日本国は倭国を併したと記している。また、倭国の動きは全体の戦いの中で大きな役割を占めていなかった。全体の戦いは〈百済〉対〈唐・新羅〉である。

戦いのまとめをする。

白村江の戦いの前後まで倭国が存在したから、当時列島には倭国と大和国とが並立していた。このことは『旧唐書』、『新唐書』から確認でき、倭国と日本国と区別して記録している。併せて両国の関係も明記している。

朝鮮半島への派遣軍の主力は倭国であったと見られる。中国史料は倭、倭人とする。「紀」には大和国の将軍の死や捕虜、軍派遣の責任論がない。それだけでなく、直後に唐との国交が開始されている。これは戦いによって倭国の力が完全に衰退したこと、主力は倭国であり、大和国には実質的被害がなかったと見れば率直に理解できる。唐側とすれば倭国の動きは小さく、戦いの当事国でなかったと見られるから国交回復の障害はなかった。

同じ頃、倭国と大和国（または近畿を拠点とする王国）が統合され、日本国が成立したことが明記されている。その記事は正確である。直接倭国と戦っているからである。唐の将軍が北九州まで来たとする記事もある。

第五章

日本国の成立

一　統一政権の主体と時期

古代国家の統一として秦帝国は大きなヒントを与える。
●皇帝の権力が強大であり、地方の分裂と割拠がない。唯一の政権の成立。
●封建制を廃止し、全国的に郡県制を及ぼした。
●統一的な法律経済制度の制定。
列島における統一国家の要件として一義的なものはないが、王（天皇）による全国統一支配が成立し、統一的な法律経済制度が施行された状態とする。唯一の中央政府の成立と基本的な法律経済制度が整備された状態である。

日本国の統一政権の主体として邪馬台国大和説、邪馬台国東遷説、両王国（大和国、九州国）並立説がある。

初めにこれらを簡略化して示す。

(a)　邪馬台国大和説

邪馬台国が大和に成立し、その勢力（大和国とする）が九州などの他地域の国などを併合していった。

その時期は三〜四世紀であり、当初連合国家的なものから統一国家を形成していった。

〈三〜四世紀〉

九州　大和国に統合

大和　邪馬台国→大和国を形成

(b)　邪馬台国東遷説

九州の邪馬台国が東遷し、大和国を征服し畿内に主として入り、倭国を統一した。主なものとして「三王朝交替説」と「応神朝による列島統一説」がある。

〈三〜四世紀〉〈五世紀〉

九州　邪馬台国　（近畿に進出）

近畿　――　東遷→全国統一

(c)　両王国並立説

九州に邪馬台国成立。五世紀に応神が東征した。しかし、五世紀の倭の五王は九州のことであり、七世紀に両王国を統一する国家が近畿に成立した。

〈三世紀〉〈五世紀〉〈七世紀〉

九州　邪馬台国　倭の五王　（近畿に併合）

近畿　――　応神朝　日本国成立

それぞれの根拠と問題点を見る。

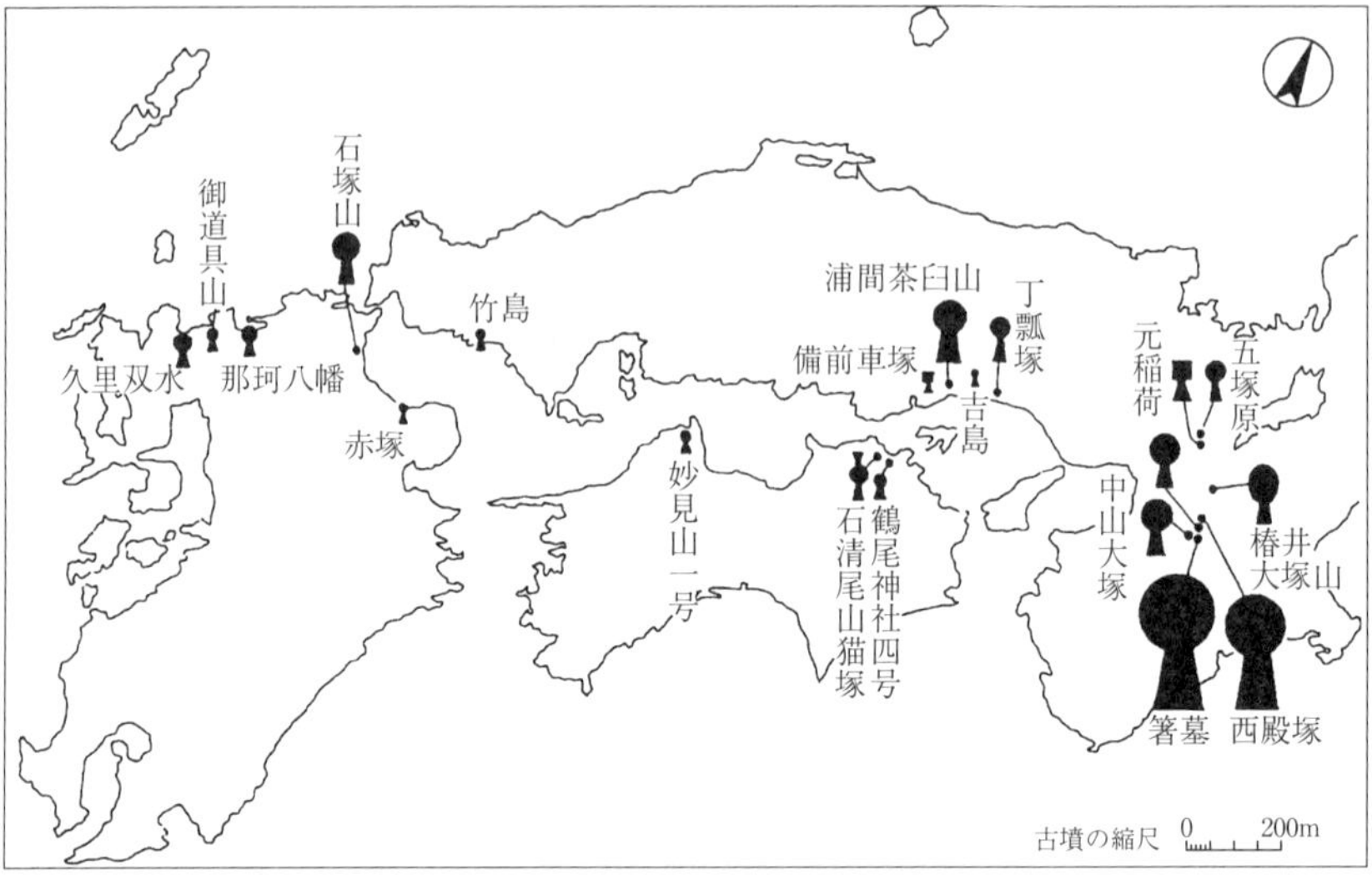

図18　西日本における出現期古墳の分布
（出典：白石太一郎『考古学と古代史の間』）

(a)　邪馬台国大和説

この考え方の根底には皇国史観があることは疑いない。加えて、四世紀、五世紀の朝鮮および中国の史料によると、朝鮮に倭国が進出している。そのためには四世紀末までに近畿以西の西日本が統一されていたとする。この説は一つでないが、主要なものは次である。

「倭人伝」の記事は誤りがあるか、一部未確認のものがあるとして、邪馬台国が北九州にあったか大和にあったかは確定できない。同様に狗奴国の位置として近畿の「東」とすれば濃尾平野に比定できる。北九州沿岸の奴国や伊都国などは、鉄の導入による争いから早期に大和国に統合または連合国を作った。

古墳時代初期の古墳の分布状況（図18）を見ると、近畿の大和の箸墓《はしはか》古墳（約二八〇メートル）のように近畿に大型古墳があり、近畿のヤマト王権を実証し得る。広域の政治連合は鉄などの輸入を支配した北九州の勢力を近畿の連合政権が奪い、三世紀に邪馬台国を中心とする倭国連合が近畿に成立した。

●卑弥呼の墓の有力地として箸墓古墳がある。

●「倭人伝」のものとされる「画文帯神獣鏡」が大和を中心に出土する。
●狗奴国とみなされる国も邪馬台国の東の濃尾平野に比定できる。
四〜五世紀のヤマト王権の伸長は大和川上流域の大型古墳群によって確認でき、その推移も大和・柳本古墳群、佐紀古墳群、古市古墳群、百舌鳥古墳群と連続しており、他と比べても際立って大きく、近畿地区の王権の盟主権の移動を示す。

広開土王碑からの四世紀末〜五世紀初の朝鮮半島の倭の動向は、成立したヤマト王国が半島に進出したものであり、五世紀の倭の五王は応神朝の応神、仁徳、履中、反正、允恭、安康、雄略に比定し得る。その活動も「記紀」より確認できる。さらに五世紀後半の王権の確立として稲荷山鉄剣と江田船山大刀の銘があり、地方にも王権が及んだことを示す。

当時の王と見られる雄略も「王」から「大王」と称し、「天下を佐治した」ことが銘文から読みとれる。

この説に対し、次の批判が加えられる。
①　新文化の伝来
稲作、鉄器、絹の伝来について、西から東への伝来が実証でき、北九州がその重要な窓口であり、邪馬台国は北九州に成立した。
②　地名の移動
北部九州と近畿に同名または類似の地名が多いのは、九州より近畿に移動した人々が故地の地名をつけたからであり、その逆でない。
③　邪馬台国の所在地
卑弥呼の邪馬台（壱）国は北九州にあった。その有力な候補地は甘木地方と福岡沿岸地域（須玖岡本、

井原、平原など）である。「倭人伝」にある各種地名と帯方郡からの距離から実証される。刀、鏡、玉、絹も出土する。

④ アマテラスの子孫であるニニギ、ホホデミ、ウガヤフキアエズについて、「記紀」によると次であり、初期の王の活動地は九州である。神話の伝承をたどることができる。

ニニギ　筑紫の日向の可愛の山陵

ホホデミ　日向の高屋の山上の陵

ウガヤフキアエズ　日向の吾平の山上の陵

ニニギの降臨についても述べられ、

「稜威《いつ》の道別に道別《ちわ》きて　日向の襲の高千穂峯に天降る。

この地は韓国に向ひて真来通り、笠沙の御前にして朝日直刺す国　夕日の日照る国」

とあり、筑紫地方の一部に降臨した。その有力な比定地として高祖山のあたりに日向山、クシフル峰が確認できる。韓国にも近い。

⑤ ニギハヤは北部九州から近畿に進出し、神武について東征が実証できる。しかし、その活動地は狭く、北九州にあった邪馬台国またはその後身を超えるものでない。

応神は筑紫の蚊田で生まれ、近畿へと進出した。これには五世紀初の倭国の朝鮮半島での敗戦が一つの契機となった。進出時に旧勢力との対立があり、河内に根拠地を作り、旧勢力の威圧のため超大型の古墳を造った。古墳は大型化するだけでなく、鉄器と馬具に関するものが多く、大陸文化の影響を強く受けた。

⑥ 広開土王碑の「倭」は朝鮮半島の南部または北九州にいた倭の行動である。

⑦『宋書』などの倭の五王は北九州にあった倭国の王のことである。細目はすでに述べた。

したがって、邪馬台国は北九州に成立し、その後、一部の勢力が東征した。その中でも大きな動きは応神の東征と応神朝の倭国統一である。この時、応神は近畿における地域政権であり、少なくとも九州にも同様の王国があったとするのが、両王国並立説である（または九州王国説）。

(b)　邪馬台国東遷説

この説の主な根拠として、墓の副葬品としての鏡、玉、剣は天皇家の三種の神器となり、大和の地名は九州のものが移ったものであり、三世紀の邪馬台国は東遷して大和王権となり、その統一は大型の古墳から言える。

有力説として水野説は三王朝交替説を示した。崇神王朝は呪術的統治のものであり、応神王朝（応神～雄略）は北九州の邪馬台国を滅ぼした狗奴国の後身の一部族が近畿に進出した。その統一を示すものは超大型の古墳である。継体王朝は中央集権的律令社会に向かう過渡期の統一王朝である。また、倭の五王は応神朝の王であるとする。

さらに九州の邪馬台国が東遷し、大和国を征服し、主として畿内に入り、倭国を統一したとする説（沈仁安『中国からみた日本の古代』）がある。

「記紀」の記録に応神の東征があり、本拠地は河内に置かれ、旧勢力の威圧と対立のため官居を河内と大和に置き、威圧のため超大型の古墳を作った。古墳も大型化するだけでなく質的な変化（鉄器や馬具の大量な埋納）がある。倭王の呼称の変化も倭奴国王、倭女王などを経て五世紀の倭の五王におけるように倭国王となり、これら中国の正史に見る倭王の呼称の変化や、さらに爵位まで受けているのは倭国の統一を示す。

この説と(c)の両王国並立説（179ページ参照）との主な違いは、五世紀に東遷があったこと、倭の五王が近畿の王であること、応神朝に全国統一国家が成立したことである（両王国並立説では四、五世紀において九州王国が存在したとする）。

主な疑問点を示す。

① 国全体の東遷ととると、通常の東遷の意味は王と政権の移動があり、首都を移すことである。しかし「記紀」には東遷の事実がなく、応神が即位したのちに根拠地を創っている。王の即位以前に東遷できない。

東征ととると、東征にあたって激しい戦争をしており、近畿における旧勢力の打倒だけでも大変だったはずである。九州の一部族の近畿への進出と見る。その契機となったのが倭国の朝鮮半島における敗戦である。

② 東征後に九州にあった倭国についてふれていない。特に北九州の豊かな経済力や文化がなくなったとは考えられず、一定の政治勢力が残ったはずである。「記紀」にはそれについて明記されず、なくなったとも言っていない。関連する記録として、武内宿禰を派遣して人民を監察させたとするのみである。

また、国全体の統一についてふれていない。確認できることは、近畿内の旧勢力の王権の打倒または威圧である。特に超大型の古墳の築造は旧勢力の威圧のためであり、その経済力の基盤となったものは朝鮮半島からの移民、鉄の新技術および馬の導入、加えて大型河川開発である。

③ 大型古墳の存在から列島の統一を証明することはできない。古墳は政治的現象であり、政治的制度ではない。同時期に、ほかでもほぼ同程度の大型の前方後円墳が造成されており、その巨大性や独自制から列島の統一を証明できない。また、天皇陵そのものが発掘されておらず、具体的状況が不明で、一部比

定が確定しない。

④「イリ」や「ワケ」の別名の違いは天皇名のことであり、系統の異なる王権（おそらく大陸の影響を強く受けたもの）の成立を示すのみで統一を意味しない。同様にして、中国の史料からの王名の変化も統一を示すものでない。もし統一を示すなら、その事実を明記するはずである。関連の中国史料にそのことがない。

⑤　朝鮮の史料

『三国史記』（「新羅本紀」）には倭の記事がきわめて多く、倭の居住地として海峡の両岸が実証できる。その行動が列島全体の倭の動きでない。五〇〇年頃までの倭の動きとして次がある。

● 倭人が海峡の両側にいた。

● 海を渡って来襲した。新羅とはおおむね敵対関係にあった。しかし、一時的であり持続的に占領していない。

● 物や人の掠奪を目的にした。

倭人が海の両側にいたことを示す記事は多い。

二九五年　倭人しばしば我が城邑を犯す。百姓安んじて居ることを得ず。

三九三年　倭人来りて金城を囲む。五日解かず。

四〇八年　王聞く、倭人対馬島に営を置き、貯ふるに兵軍資糧を以てし、我を襲はんことを謀ると。

四四四年　倭兵金城を囲む。十日糧尽きてすなわち帰る。王を兵を出してこれを追はんとす。

広開土王碑には三九一〜四〇七年の倭の動向が記されるが、列島統一の記事はなく、倭が朝鮮半島の南部または北九州から出撃したことが推定されるのみである。

⑥　中国の史料

『漢書』、『後漢書』、「倭人伝」、『宋書』などに倭国の重大な政治上の動きである東遷や統一についてふれられていない。また、倭国の政体についても、それぞれの史書において統一や国の実質的変更にふれていない。

『宋書』の倭の五王は九州にあった倭国の王の通商記録である。

● 応神朝の王はほかから朝貢を受けており、五王は宋の冊封を受けており、相互の位どりが異なる。宋は二人の天子を認めない。

● 武の上表文からは倭の拠点地は九州にあったと見られる。

● 宋の通商記録からの五王と応神朝の王の年代が一致せず、王名も対応しない。

● 「記紀」に宋への通商記録がない。

⑦　応神朝は巨大な古墳を作り、大型河川開発を実施している。その一方で朝鮮半島まで進出することは不自然である。その要因もない。船技術上の制約もあり、大軍の派遣が困難である。

これらの矛盾は五世紀初、倭国は朝鮮半島で大敗し、その一部が進出の方向を近畿に向け、一方、九州にあった倭国が宋との外交を通じてその影響力を維持したとすれば率直に理解できる。

その通商記録から大きな戦争が確認できない。倭の影響力は少しずつ弱くなっていたようにとれる。五世紀末には朝鮮半島の倭の勢力は小さくなり、逆に高句麗、百済、新羅の力が強くなった。三国の並立である。

二　応神朝の統一の問題点

応神は北九州の出身であり、東遷して近畿に入り、旧勢力を打倒した。のち河内に拠点地を置き、全国を統一したとする。

かつてなかったほどの大型の前方後円墳を作り、それは巨大で強力な王権を実証する。

●大王政権は統一政権であり、連合政権でない。

●大王は最高の地位を占める。これを示すものが稲荷山と江田船山の古墳の刀剣銘である。

●男系の世襲王であり、これは倭の五王および「記紀」から実証される。

対外的な動きとして『宋書』の記録があり、朝鮮半島での活動が裏付けられる。

この説の主な根拠として、

(a)　邪馬台国の東遷
(b)　倭の五王
(c)　巨大な前方後円墳
(d)　応神朝と朝鮮半島情勢
(e)　刀剣銘からの雄略全国支配

の五つが考えられる。それぞれについて順に検討する。

(a)　邪馬台国の東遷

国の東遷は、国を支配している王が東征し、中心的行政府が移動することである。応神について、東征の事実があっても、東遷の記録がない。即位前に東遷できないことは平凡な論理であり、東征後に即位している。

「記紀」に東遷の記録がなく、『三国史記』、広開土王碑、『宋書』についても同様である。

応神は旧勢力との対立があり、その解消だけでも大変だったはずである。対立を示すものとして、

●東征にあたっての旧勢力との対立

●近畿の豪族として、

　臣姓－葛城、春日、平群、蘇我、巨勢

　連姓－物部、大伴、中臣、土師

があり、臣姓は大和地域に多く、連姓は河内地区に多く、天皇に仕えていて政務を担当しており、相互の豪族の地域も異なり、政権の豪族の役割も異なる。

●官居を大和と河内においていて、旧勢力を監視し、牽制した。

●河内の超大型古墳は旧勢力に対する威圧ととれる。力を示し、政権を安定化させた。

この対立をなくし、さらに全国統一をするとは考えられない。応神は東征のみを実施して近畿地区内での新王朝を開いた。当時、強力な地方政権が九州および関東にもあった。倭の五王や刀剣銘がそれを実証する。

(b)　倭の五王

『宋書』などの倭の五王は北九州に拠点地を持っていた。年代、名称、王の位どり、武の上表文などから近畿の王には対応しない。

また、「記紀」に宋への通交の記録がない。武の上表文も残っていない。

(c)　巨大な前方後円墳

応神朝の古墳はきわめて巨大である。その代表的なものとしての前方後円墳の一般的性質と機能を見て、統一国家との関連を考える（藤田友治編著『前方後円墳』、石部正志他『天皇陵を発掘せよ』、広瀬和雄『前方後円墳国家』、白石太一郎『考古学と古代史の間』など）。

①　巨大な古墳であり、その形は独自であり方部と円部とを持つ。他に例のない大きさである。

②　畿内を中心として起こり、代表的なものは畿内にあり、天皇陵が多く、統一国家が畿内に成立した証拠である。

③　朝廷（近畿天皇家）と地方豪族との支配と服属を示す。

④　王権の継承の場であり、そこでの祭儀は首長の交替、王権の継承を示す。

これらは相互にからむが、順に見ていく。

①　古墳の巨大性

巨大性と統一との関連として、「近畿地方には前方後円墳の大型古墳群が群立し、他の地方より大きく、地方の支配を示す」とするものがある。

●前方後円墳は独自なもので、方部と円部とを持ち、方部は祭壇ととれる。その中心は畿内にあり、その代表的なものが天皇陵であり、際立って大きい。
●ほかの地域のものは畿内から普及し、その大きさ、規模から畿内を超えるものはなく、古墳から見ると、畿内を中心として古代日本が形成された。
●「四世紀末ごろから五世紀後半ごろにかけての中期大和政権は四系譜（左紀、馬見、古市、百舌鳥）の有力首長が共同統治していた。その中でも古市古墳群と百舌鳥古墳群の造営主体となった二有力首長は代々、交替で第七代から十三代にかけて王の中の王として大王を合計七人輩出した。そのなかに『宋書倭国伝』に記録された倭の五王、讃、珍、済、興、武の墳墓がふくまれていたことはほぼ確実であろう」（広瀬・前掲書）
●その当時、地方首長は中央への出仕や労働力供給の見返りとして鉄素材や鏡などの非自給物資を受けた。具体的なものとして鉄器、玉、鏡、刀などがあった。
●大和政権中枢には権力財や威信財が一方的に集積されるシステムがあった。そのシステムに各地の首長層がつらなり、大和の有力首長層を中核にして畿内首長層が結集していた大和政権があった。
「つまり、畿内地域に確固たる中心構造があって、そして画一的な装いを人びとにみせるための墳墓が前方後円墳だった。〈画一性と階層性をみせる墳墓〉が前方後円墳だったのである」（広瀬和雄『日本考古学の通説を疑う』）
このことについて初めに次のことが言える。
●天皇陵が発掘されていない。
●天皇陵自体の比定と具体的内容が不確かである。一部については不明と言ってもよい。そこからの推定は不確実である。

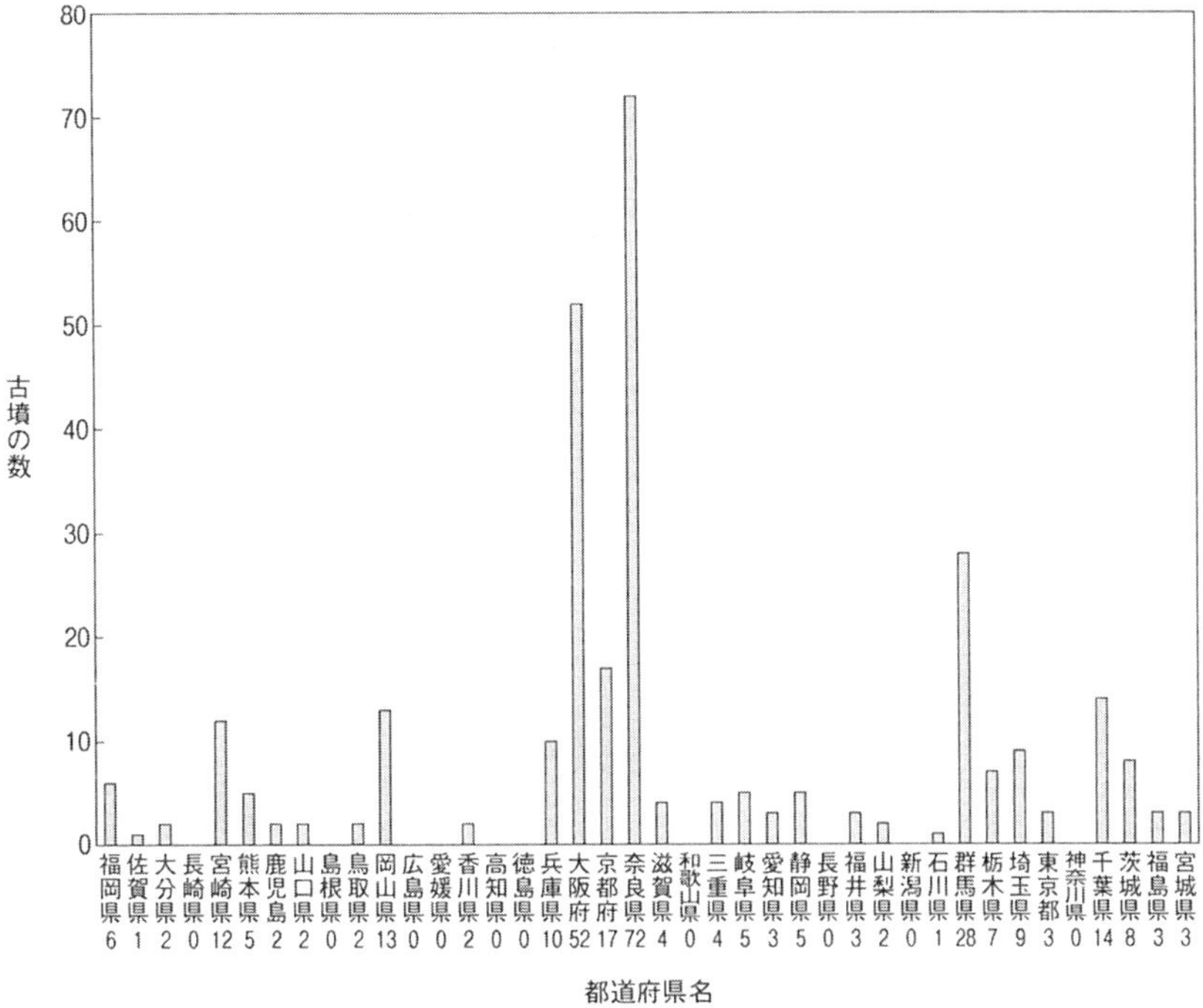

図19　県別・巨大前方後円墳（全長100m以上）数
（出典：安本美典『邪馬台国と高天の原伝承――「邪馬台国＝高天の原」史実は国内で神話化した』）

●陵そのものが基本的には墓であり、それ以上の政治的制度でない。

●五世紀の巨大な前方後円墳（全長一〇〇メートル以上）について見ると、図19のように全国的にある。陵そのものまたは大きさによって全国統一が実証できない。

具体的に主要な前方後円墳についてまとめたものがある（表15）。備中の造山古墳、作山古墳、日向のオサホ塚、上野の天神山古墳のように近畿の古墳にひけをとらないものがある。作成時期が不確実である陵もあるが、推定年代によって、近畿の巨大前方後円墳が成立した時、同時期の地方陵の方が大きいこともあった。これについて、統一政権が成立しておらず、中央からの規制がなく、地方豪族や首長がその経済力により独自に造ったのである。

大型のものとして、仁徳陵（四八六メートル）、応神陵（四三〇メートル）、履中陵（三六〇メートル）、造山陵（三五〇メートル）がある。造山陵ができた時、応神陵と仁徳陵はできていなかったと考えられるので、造山陵は当時二番目のもので一部の天皇陵より大きかった。履中陵との大きさの差は一〇メートルにすぎない。前方後円墳できわめて似ている。しかし、相互の関係について同盟や服属でなく独自に造成した。同じ頃、上野でも天神山古墳（二一〇メートル）が造成されていた。一定の情報があり、類似なも

表15　主要な前方後円墳の墳丘規模（全長）

古　　墳	長さ（m）	時　期
和泉・仁徳陵古墳	486	中
河内・応神陵古墳	430	中
和泉・履中陵古墳	360	中
備中・造山古墳	約350	中
河内・大塚	330	中
大和・見瀬丸山古墳	318	後
大和・景行陵古墳	310	前
和泉・にさんざい古墳	290	中
河内・仲津媛陵古墳	286	前
大和・ウワナベ古墳	約280	中
大和・箸墓	278	前
大和・神功皇后陵古墳	278	前
備中・作山古墳	約270	中
大和・市庭古墳（現平城陵）	約250	中
大和・崇神陵古墳	240	前
河内・仲哀陵古墳	239	前末～中
大和・室大墓	238	中
大和・メスリ山古墳	230	前
大和・手白香姫陵古墳	230	前
河内・允恭陵古墳	227	中
大和・垂仁陵古墳	227	前末～中
摂津・継体陵古墳	226	中
河内・墓山古墳	224	中
日向・オサホ塚	219	前
大和・成務陵古墳	219	前
大和・磐之媛陵古墳	219	中
上野・天神山古墳	約210	中～後
大和・桜井茶臼山古墳	207	前
播磨・五色塚	199	前

森浩一『古墳―石と土の造形』保育社より（出典：石部正志他『天皇陵を発掘せよ』）

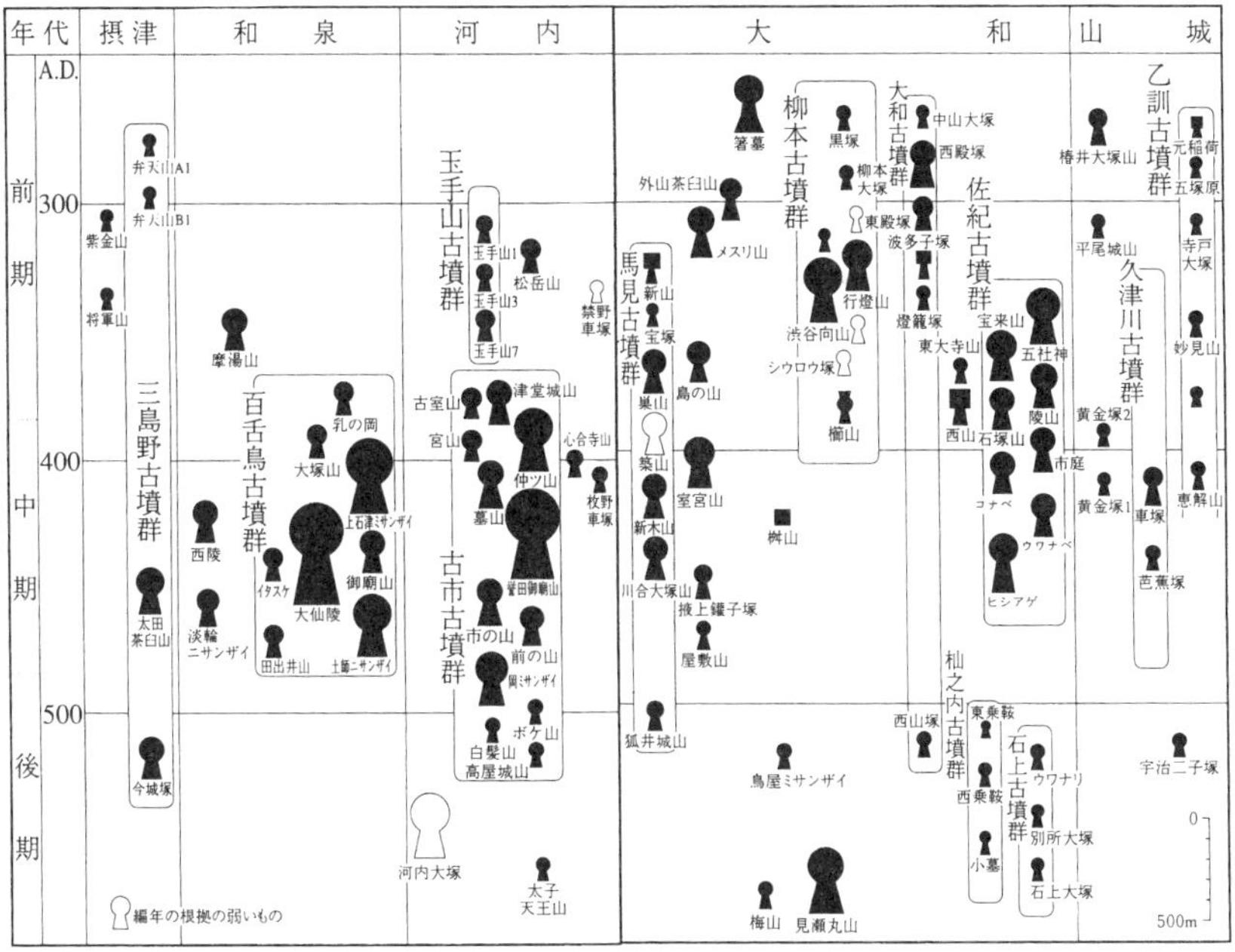

図20　近畿中央部における大型古墳の編年（出典：白石太一郎『考古学と古代史の間』）

のを造っていたが、古墳より相互の政治関係（支配－服属）や統一を実証できない。

吉備についてはその後、作山古墳（二八六メートル、岡山県総社市）、両宮山古墳（一九二メートル、岡山県赤磐市）などが造られ、地域政権を引き継いだ王が造成していった。

毛野地方（北関東）では浅間山古墳（一七三メートル、高崎市）、宝泉茶臼山古墳（一六五メートル、太田市）、白石稲荷山古墳（一六五メートル、藤岡市）などがあり、地域政権の広がりを示す。

近畿地区では摂津、和泉、河内、大和、山城の五地区ごとの主要な前方後円墳が整理されている（白石・前掲書、図20）。築造の年代順については大和（柳本・大和）→大和（馬見）→河内・和泉（古市、百舌鳥）になっている。ヤマト王権が大和川上流域に成立し、のち応神の進出があり、河内政権に実権が移っていった。

その主要なものとして

表16　前・中期大古墳の分布

前期	渋谷向山古墳	310	奈良・天理市（景行）
	箸墓古墳	278	〃　桜井市
	五社神古墳	278	〃　奈良市（神功）
	行燈山古墳	240	〃　天理市（崇神）
	メスリ塚古墳	230＋α	〃　桜井市
	西殿塚古墳	230	〃　天理市（手白香姫）
	佐紀石塚山古墳	219	〃　奈良市（成務）
	桜井茶臼山古墳	207	〃　桜井市
	佐紀陵山古墳	207	〃　奈良市
中期	大山古墳	486	大阪・堺市（仁徳）
	誉田御廟山古墳	430	〃　羽曳野市（応神）
	百舌鳥陵山古墳	360	〃　堺市（履中）
	造山古墳	約350	岡山・高松町
	河内大塚山古墳	330	大阪・松原市、羽曳野市
	土師にさんざい古墳	290	〃　堺市
	仲っ山古墳	286	〃　藤井寺市（仲津姫）
	ウワナベ古墳	280	奈良・奈良市
	作山古墳	270	岡山・総社市

注：（ ）内は現在宮内庁がその古墳の被葬者としている天皇・皇族の名前（出典：西嶋定生他『巨大古墳と伽耶文化』）

崇神陵　二四〇メートル　天理市（大和地区）
景行陵　三一〇メートル　天理市（大和地区）
応神陵　四三〇メートル　羽曳野市（河内地区）
仁徳陵　四八六メートル　堺市（河内地区）

があり、大きさから王権の力の違いを推定できる。

さらに、応神朝は官居を大和と河内に置いていること、「記紀」より旧勢力との対立があること、古墳の質的変化があること、支持する豪族が異なることなどから、旧勢力との対立がありながらも、その技術力と河川開発によって旧勢力を圧倒していった。したがって近畿においての地域政権の成立と移動が推定される。このことが「記紀」より確認できる。

また、前中期大古墳の分布を引用する（表16）。

これによると、前期のものが奈良にあり、その大きさも小さいこと、比定される天皇も崇神・景行・成務・神功などで応神以前である。

中期のものは大阪が多く、きわめて大型であり、応神朝の天皇陵として、応神陵、仁徳陵、履中陵が確認できる。同様に政権の移動が推定できる。しかし、全国統一を実証し得るものでない。岡山での地域政権が推定できる。

古墳の築造について述べておく。

北海道、東北北部、沖縄を除いた列島で前方後円墳の数は約五二〇あり、墳長二〇〇メートルを超えるものは約三十五であり、奈良県と大阪にはそのうち三十二基ある。

五世紀中頃の大山古墳（仁徳陵）は約四八六メートルあり、三重の濠を持つ。体積は約一四〇万立方メートルである。古代工法では、一日最大二千人が施工し、十五年八カ月を要す（広瀬和雄『日本考古学の通説を疑う』）。なお、当時の推定人口は四〇〇万～五〇〇万人とされる。

② 前方後円墳は畿内に起こり地方に及んだ、とする点について考える。

古代天皇陵調（表17）により、応神朝の陵を抽出する（なお、一部未確定なものがある）。

表17　古代天皇陵調

天皇名	形	所在地	長さ(m)
1　神武	円墳	橿原市	
2　綏靖	〃	〃	
3　安寧	山形	〃	
4　懿徳	〃	〃	
5　孝昭	〃	御所市	
6　孝安	円墳	〃	
7　孝霊	山形	王寺町	
8　孝元	前方後円墳	橿原市	
9　開化	〃	奈良市	100
10　崇神	〃	天理市	242
11　垂仁	〃	奈良市	227
12　景行	〃	天理市	300
13　成務	〃	奈良市	219
14　仲哀	〃	藤井寺市	235
15　応神	〃	羽曳野市	417
16　仁徳	〃	堺市	486
17　履中	〃	〃	364
18　反正	〃	〃	148
19　允恭	〃	藤井寺市	228
20　安康	円墳	奈良市	
21　雄略	円墳，方墳	羽曳野市	径76，辺50
22　清寧	前方後円墳	〃	112
23　顕宗	〃	香芝市	不明
24　仁賢	〃	藤井寺市	120
25　武烈	山形	香芝市	
26　継体	前方後円墳	茨城市	229
27　安閑	〃	羽曳野市	
28　宣化	〃	橿原市	138
29　欽明	〃	明日香村	140
30　敏達	〃	太子町	113
31　用明	方墳	太子町	辺65
32　崇峻	円形	桜井市	
33　推古	方墳	太子町	75
34　舒明	八角墳	桜井市	不明
35　皇極	（重祚して斉明とする）		
36　孝徳	円墳	太子町	40
37　斉明	〃	高取町	不明
38　天智	八角墳	京都市東山区	約46
39　弘文	円墳	大津市	
40　天武	八角墳	明日香村	約40
41　持統	（天皇陵に合葬）		

注：天皇陵は発掘されていないから不確実のものがある。（出典：藤田友治他『古代天皇陵をめぐる』より作成）

15　応神　羽曳野市　前方後円墳
16　仁徳　堺市　〃
17　履中　堺市　〃
18　反正　堺市　〃
19　允恭　藤井寺市　〃
20　安康　奈良市　円墳
21　雄略　羽曳野市　円墳、方墳

応神朝についても、安康、雄略は前方後円墳でない。前方後円墳から国の統一を言えない。その後の主要な王についても、次のようにきわめて多様な形式をとっている。

25　武烈　香芝市　山形
26　継体　茨城市　前方後円墳
31　用明　太子町　方墳
33　推古　太子町　方墳
40　天武　明日香村　八角墳

つまり、前方後円墳から一定地域の政治的まとまりを言えても、全国統一を実証し得ない。それは陵の一形式にすぎない。

「前方後円墳という概念は根本的誤りを持つが、ここで百歩譲ってこの表現にしてもやはり墓であり、祭祀であり、政治原理に基づくものでない。日本人の死生感に基づく優れた文化遺産であるが、律令制度や幕藩体制に比較しての冊封の身分でない」（藤田編著・前掲書）

ここで「誤り」とは、前と後とは確定せず、壺型古墳と言える面があることである。古墳の起源から言え、その始まりも近畿と言いきれない。

巨大な陵から一定地域内での大きな政治力が考えられても、墓にすぎず、政治原理でない。それだけでなく、ほかの地方にも同様な王国があったことを示す。

応神の東征後の北九州の経済生活を支える水土や風土の基本的条件が破壊されたとは思えず、その地理的条件から朝鮮半島の進んだ文化を吸収できたから、卑弥呼女王国以後の地域王権が存在したと見られる。倭の五王や磐井の繁栄はその例である。

また「記紀」には東征後の倭国がなくなったとは記されていない。さらに、全国統一ととると、その国との何らかの政治的事件が記されてよい。しかし、五世紀において「記紀」の記録は全国統一に関係する政治的制度や経済制度にふれていない。ほとんどが王の系譜や日常の事件である。その記事からも全国統一を立証し得ない。

九州や岡山の政権にとって鉄素材や鏡、刀などについて、近畿から導入する必要がない。したがって労働力を送って近畿の古墳の建造をする要因がない。大陸に近く、独自の文化により王国を維持することができた。近畿に依存する必要がないのである。

③　前方後円墳から支配と服属を言うことに対しては、同一の形式のものについて近畿でのある陵は支配を、別の陵では服属を示すことになり、不自然である。また、その陵数は全国的に多いからより考えにくい。そのうえ、その政治的事実を陵から実証できない。天皇陵については、発掘されていないから、事実が確認できない。

その築造から、国を統一した専制君主の権威誇示のため大土木事業を実施したと見る考え方もあるが、それは近畿地区の王権の強化や支配のみを示していると見る。その形や造成に大きな技術的制約があったと見られず、一定の情報により築造可能である。すでに述べたように、ほかでも大型のものがある。全く別の見方をすると、一人の男の巨大な陵のために大量の人々が奴隷的行動をしたわけである。三世紀に魏の文帝が薄葬思想を実践しており巨大陵を築かせず、九州でそれを実施したとしてもおかしくない（内倉武久『太宰府は日本の首都だった』）。

④　王位継承の祭場としての機能について次のことがある。

●朝廷（近畿天皇家）と地方豪族との支配と服属を示す。

●そこでの祭儀は首長の交替、王権の継承を示す。その陵の頂では践祚《せんそ》、即位、周濠では大嘗会の祭儀がなされたとする有力な説がある（石部他・前掲書、藤田編著・前掲書）。

これに対して「紀」では、大嘗会の施行にふれているのは七世紀末である。

「持続五（六九一）年、大嘗祭を行う」

前方後円墳は孝元（八代）から敏達（三十代）において築造され、その年代はおよそ四世紀後半から六世紀末である。「紀」の記録と重ね合わせると、前方後円墳では大嘗会はなかったことになる。その祭儀の意味は通常の場合、天皇の就任儀式である。これを逆に言えば、前方後円墳ではその祭儀は実施されなかっただけでなく、六世紀末まで統一政権はなかったことになる。

前方後円墳はきわめて多く、それぞれについて支配と服属がなされたとすると、同一の形式について異なる儀式がなされ、それが各地に多数あったことになり不自然である。

大嘗会と関連させて、中国の史料から見ると、一～七世紀まで倭国の中心は九州にあり、八世紀初頭、唐王朝は日本国（近畿）を列島の王国の王者として国交を開始している。この国交の開始と「紀」の記録はぴったりと対応する。この時の唐は直前に倭国と戦争をしており、倭国のことを十分知っていたと見られるので、その記事に誤りはない。

また、同じ頃、倭国と日本国とが統合され日本国が成立したとも記している。

(d)　応神朝と朝鮮半島状勢

応神朝と関係が深い朝鮮半島の状勢を見る。

①　「神功紀」でふれられている石上神宮の七支刀については、年代について確定できないだけでなく、倭と百済との関係は朝貢でなく、相互の関係があったことのみが実証できる。

②　広開土王碑の倭

朝鮮半島には北に強国高句麗があり、南には百済と新羅があり、両国に挟まれるように加耶諸国があった。半島上の勢力争いは当初高句麗と百済の争いが主体で、国力の弱い新羅は倭により侵攻されることが多かった。

三四二年、高句麗は前燕に大敗し、その後平壌を拠点に南下政策をとり、百済と激しく対立した。この対立は三九二年に高句麗が百済の十余城を落としてから新たな段階を迎えていた。倭は南朝鮮および北九州を拠点にして、新羅を侵攻することが多かった。

広開土王碑はこの状勢下の三九一年から四〇七年までの高句麗の広開土王の記録碑である。その倭の動向と主体として、通説では倭の王権（近畿）は四世紀末までに強固なものになり、半島において、百済と結び、高句麗と激しい戦いをしていたとする。参考図を載せる（図21）。

「百済、加耶諸国と連動して新羅を侵略し高句麗をして大勢の兵を出動させるような倭とは日本古代国

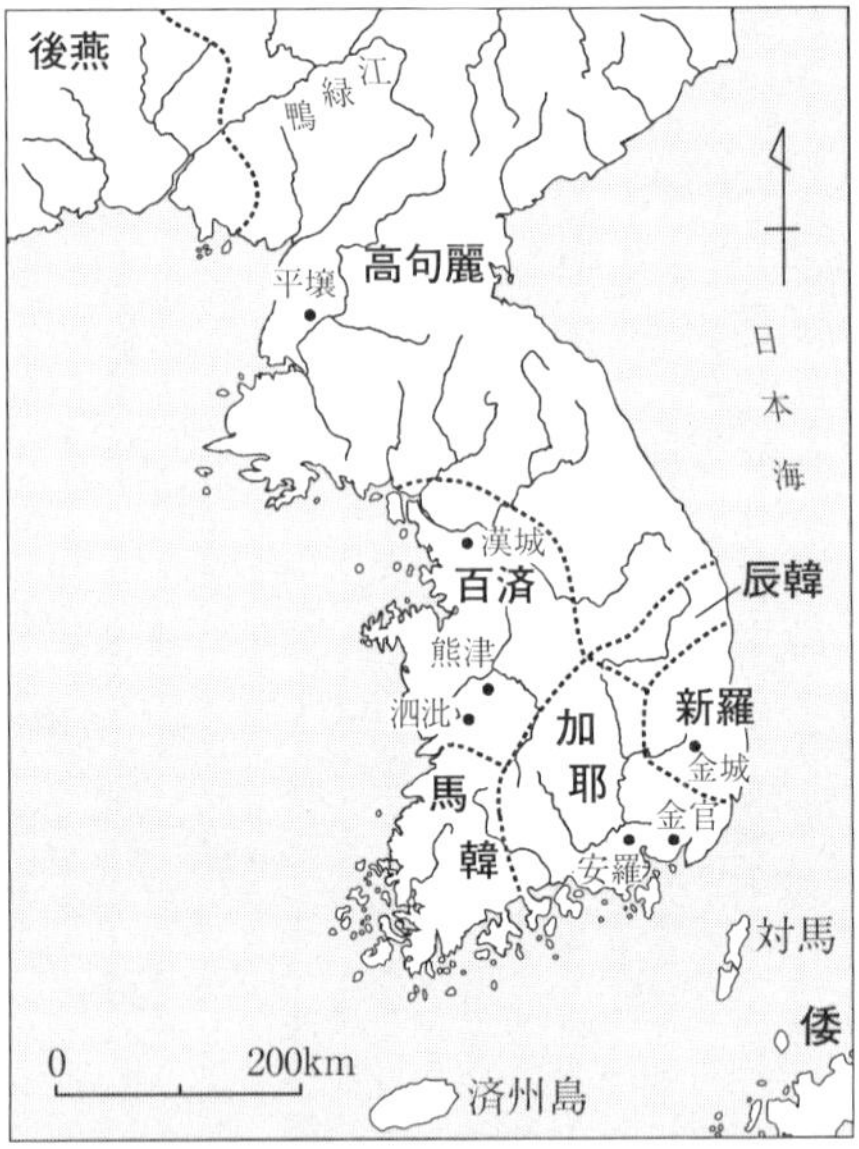

図21　４世紀末の朝鮮半島（出典：熊谷公男『日本の歴史 第03巻 大王から天皇へ』）

家の形成過程で見る時、王権と不可分の関係にあることはほとんど疑いを挟まない。倭の高句麗と戦う政策には一貫性がある。出兵も長年にわたり継続的である。高句麗と新羅の政治課題となり、大量な軍事行動を余儀なくさせる程の相手は、倭で公権力により統一的に徴発・組織された軍隊や兵隊であろう。この倭の軍勢は列島の心臓部となった大和河内の有力首長層を代表する倭王の最高軍事指揮権のもと倭王と関係を結ぶ各地の首長層が配下を動員して編成した軍隊を主力とするものではないかと思われる」

「結局、倭の王権は四世末から五世紀初めまでの十七年間、東アジアの国際社会において、主に百済と連携し、さらに任那加羅、安羅という加耶諸国とも結んで、高句麗と関係を結ぶ新羅を侵略し、または高句麗の領土と等しい帯方にまで遠征した」（鈴木靖民編『倭国と東アジア』）

すでに見たように、四世紀末、半島の勢力争いは主として高句麗と百済の間でなされ、倭は国力の弱い新羅に侵攻することが多かった。

「四世紀に新羅を侵犯し、百済と通交したのは北九州にある邪馬台国であった」（沈・前掲書）ことが史料から言える。

また、広開土王碑文からも、すでに見た通り倭が朝鮮半島にいたことが確認できる。

三九九年　王巡下平壌、而新羅遣使白王云、倭人満其国境

四〇〇年　教遣歩騎五万、往救新羅。従男居城至新羅城、倭満其中

ここで言えることは、倭が新羅の国境に満ち、また城と城との間に満ちていたことである。それは倭が朝鮮半島の南部か北九州に拠点地を持たない限り説明できない。この視点から碑文を見ると、その流れがきわめて自然である。

碑文によると十七年間に少なくとも四回の戦いをしており、帯方界まで至ることもあった。また、五万の軍に対抗し敗れた。五万に対抗するためには少なくとも一万程度の軍が考えられる。しかし、帆船の本格的技術が確立していないので大量な兵を送り得ないし、また、近畿から大軍を送る理由がない。新羅や高句麗と戦った倭軍は海峡の両岸にいたとしか考えられない。

応神との関係を見る。碑の年代は三九一～四〇七年である。応神の即位について「紀」によると二七〇～三一〇年であり、対応しない。古代首長即位推定表によると四二〇、四二五または三九六年とされ、ほぼ対応する。この推定年がほぼ正しいとすれば、碑文の倭の動向は応神直前のことと見られる。すでに見たように、北九州にあった倭国は朝鮮半島での敗戦によって、その進出の方向を近畿にした。その動きの一つが応神の東征である。

- 五世紀初、近畿には統一政権がなかった。応神は旧勢力と激しく対立していて、朝鮮半島まで進出し得る状況にない。
- 五万の高句麗に対抗する軍を送り得ない。
- 応神朝は大型の古墳を造り、河川開発をしている。そのうえ、大軍を朝鮮半島にまで送り得ない。その要因もない。

●「記紀」には朝鮮半島の活動を明確に示すものがない。年代も一致しない。

●北九州の倭人を朝鮮半島まで派遣したとすることには、それだけのことをする法制度が確立していない。統一軍もなかった。

●近畿に本格的な統一政権は成立しておらず、朝鮮半島での敗戦後に近畿王権の力が強くなったと見る。移民、鉄器、馬の導入がその経済力を支えた。大型河川開発がその基盤となった。

四〇七年に百済と倭は大敗し、倭の一部はその進出の方向を近畿にしたのである。

③　倭の五王

倭の五王を応神朝の応神・仁徳・履中・反正・允恭・安康・雄略などに比定させることについて次のことがある。

●年代が一致しない。

●系図も王名も対応しない。

●武の上表文では自国を宋の冊封体制の中に置いており、天皇との位どりが一致しない。さらに、「毛人の五十五国、衆夷の六十六国、北の国の九十五国」は倭国が中国史料の衆夷の一部であることを示し、その範囲は近畿以西の一部、九州および朝鮮半島の一部ととれる。近畿の倭国の北に半島が位置しない。

●「記紀」に宋との通交記録がない。中でも武の上表文が確認できない。

「紀」の記事を見ると、雄略（武に比定）の時代における「呉国」との通交記事がある。

六（四六二）年、呉国、使を遣わして貢献す。

八（四六四）年、身狭村主《むさのすぐり》青《あお》らを呉国に遣わす。

十（四六六）年、身狭村主青ら、筑紫に戻る。

十二（四六八）年、身狭村青主らを呉に遣わす。

十四（四七〇）年、身狭村主青ら呉国の使とともに住吉津に泊る。

これにおいて「呉国」を「宋」としても、その使いの記録は『宋書』から確認できない。

雄略を武とすることには無理がある。

五王は九州に根拠地を持っていた王の記録と考えざるを得ない。

五世紀初、倭と百済の軍は高句麗との戦いにおいて大敗した。その後の倭の動きを見ると、行動が敗戦により小さくなったわけではない。そのうちの最大のものは宋との通交によって倭の勢力の維持に努めた。

五王の官位について、各種史料に異動があり、沈仁安『中国からみた日本の古代』より引用する。

讃　倭国の統一事業を始めたばかりで、除授を得られなかった。
珍　倭国王、安東将軍
済　安東将軍倭国王
　　使持節都督倭・新羅・任那・加羅・秦韓・慕韓六国諸軍事
　　安東大将軍
興　安東将軍
武　使持節都督倭・新羅・任那・加羅・秦韓・慕韓六国諸軍事
　　安東大将軍
この全てが宋との冊封関係にあり、その中での昇進である。その官位として倭国王、将軍号、都督諸軍事に分かれる。中国王朝の権威を借りることによって朝鮮半島での勢力を維持していたととれる。それは高句麗と対抗していたからである。その政策も有効なものでなかった。三国の動きが激しかったためである。

四〇七年、高句麗は三たび朝鮮半島において攻勢に出た。好太王は歩兵と騎兵の五万人を派遣して百済と倭とを襲った。両軍の兵はおびただしく斬り殺された。鎧甲一万余を得て軍用物資や兵器は数えきれないほどであり、百済の六つの城を落とした。

このため、しばらく倭国の一部は動向を近畿に向け、朝鮮半島の百済の動きも広開土王碑にない。しかし、四一二年、王は死に、息子の長寿王が後を継いだ。このため一定の和解が生じた。

四一三年、長寿王と讃の使者が晋に方物を献じた。四一六年には百済王の腆支が晋に朝貢した。この頃、東晋の実権は劉裕という将軍の手中にあり、四二〇年、東晋に代わり宋朝を開いた。

四二一年、劉裕は詔を出し「倭讃、万里貢を修む。遠誠よろしくあきらかにすべく、除授を賜ふべし」とする。

四三八年、讃は死に、弟珍が立った。自ら使持節都督倭・百済・新羅・任那・秦韓・慕韓六国諸軍事安東大将軍に除せられるように申し出た。併せて倭・隋らの十三人を平西、征虜、冠軍、輔国将軍の号に除せられるよう求めた。宋は安東将軍、倭国王と十三人の将軍を認めた。

珍の長々しい称号は朝鮮半島のあらゆる国を含み、これは倭国が半島の高句麗に対抗していたことを意味する。当時、高句麗の動きは北の中国方面から半島に変わっていたからである。

四二二年、劉裕が亡くなると、宋は華北回復をあきらめ、その華北では北魏が急に優勢になっていた。このため、高句麗の長寿王は中原入りの野望を捨て、四二七年、丸都（輔安）から平壌に都を移し、百済や倭を威圧した。

さらに北の不安を解決した高句麗は再度朝鮮半島での南下を開始した。

四五一年、済は六国諸軍事、安東将軍、倭国王の称号を受け、さらに二十三人の将軍号を受けた。

四六二年、済が亡くなり、興が継いだ。安東将軍、倭国王の称号を依頼した。

四七五年、高句麗は百済の王都広州を攻め落とし、王は亡くなった。王の弟は後退して百済を再建した。倭はこれに協力した。

四七八年、興は亡くなり、武が立った。すでに述べたように、武が宋に対して送った上表文は、倭国と高句麗との激しい勢力争いを推定させる。四〇七年の敗戦のあとも、三国間の勢力争いが続いていた。しかし、文面には具体的な戦争について述べられていない。

百済と倭国とは同盟し、高句麗の南下に対しては協同して当たっていた。

四九〇年、長寿王は再び大軍を送って百済を攻めた。

しかし、四九一年その王が亡くなり、その後強力な王は出ず、大臣たちの内部争いさえ生じて、国力は弱まった。

高句麗の南進が止まり、百済にとって倭国の強力な軍事力はかえって邪魔であった。百済と新羅に挟まれた地域は次々と両国に併合されていった。これとともに、倭国の朝鮮半島での影響力は急速に弱まっていった。

重要な年代により、この傾向を示す。

四～五世紀初　半島での倭の活動が見られる
五　世　紀　倭の五王の遣使（倭と高句麗の対立）

五六二年　任那の滅亡（半島での倭関連地がなくなる）
六六〇年　百済の滅亡（倭の同盟国がなくなる）
六六二年　白村江の敗戦（倭の敗戦となる）
六七七年　新羅による半島の統一
七〇三年　唐と日本との国交開始
また、この倭国の都が福岡の太宰府にあったとする説がある。
●雄略六年の記事に筑紫都督府があり、かつての政庁の都があったことを推定させる。都督府は将軍の首都である。
●大宰府政庁周辺の古名に「大裏」や「紫宸殿」があり、「大裏岡」、「朱雀門」など天子の宮殿にかかる地名がある。
●太宰府の本来の意味は大和政権の大宰の政庁でなく、中国王朝の臣下を示す太宰の政治の府のことであり、倭の五王の都があったことを示す。
●遺跡の年代は六世紀以前のものであることが実証されている。
●武が「開府儀同三司」と述べていることと対応する。その府は太宰府にあった。
●周辺に水城があり、山城が多く。王国の社とも推定させる沖の島にも近い。方向では王国中心地の北方にあり、朝鮮半島からの文化の中継地となり得る。

(e)　刀剣銘からの雄略全国支配
応神朝の天皇である雄略の時代に全国統一政権が成立していただけでなく、王は天下を治める大王となった。対外的には武に比定でき、朝鮮半島にも進出し、宋と通交していた（熊谷公男『大王から天皇へ』、篠川賢『大王と地方豪族』、白石太一郎『考古学と古代史の間』）。

これを示すものとして、巨大な前方後円墳、倭の五王、二つの刀剣銘がある。このうち巨大前方後円墳や倭の五王が列島の統一を示すことにならないことはすでにふれた。

初めに二つの刀剣銘を示す。

「倭王権は五世紀末の倭王武＝雄略天皇のときに中国王朝と決別するが、その雄略天皇に相当すると考えられるワカタケル大王が国内で独自の『天下』観を持ち、みずから『治天下大王』となのって列島支配を行っていたことを示す刀剣銘が二つ発見されている」（熊谷・前掲書）

稲荷山古墳鉄剣銘文

〔釈　文〕

（表）

辛亥年七月中記乎獲居臣上祖名意富比垝其児（名脱カ）多加利足尼其児名弖已
加利獲居其児名多加披次獲居其児名多沙鬼獲居其児名半弖比

（裏）

其児名加差披余其児名乎獲居臣世々為杖刀人首奉事来至今獲加多支
鹵大王寺在斯鬼宮時吾左治天下令作此百練利刀記吾奉事根原也

〔読み下し文〕

辛亥の年七月中、記す。ヲワケの臣。上祖、名はオホヒコ。其の児、(名は)タカリのスクネ。其の児、名はテヨカリワケ。其の児、名はタカヒ(ハ)シワケ。其の児、名はタサキワケ。其の児、名はハテヒ。

其の児、名はカサヒ(ハ)ヨ。其の児、名はヲワケの臣。世々、杖刀人の首と為り、奉事し来り今に至る。ワカタケ(キ)ル(ロ)の大王の寺、シキの宮に在る時、吾、天下を左治し、此の百錬の利刀を作らしめ、吾が奉事の根原を記す也。

(白石・前掲書)

江田船山古墳大刀銘文

〔釈　文〕

台(治)天下獲□□□鹵大王世、奉事典曹人名无□(利カ)弖、八月中、用大鉄釜、并四尺廷刀、八十練、□(九カ)十振、三寸上好□(刊カ)刀、服此刀者、長寿、子孫洋々、得□恩也、不失其所統、作刀者名伊太□(和カ)、書者張安也

〔読み下し文〕

天の下治らしめしし獲□□□鹵大王の世、典曹に奉事せし人、名は无利弖、八月中、大鉄釜を用い、四尺の廷刀を并わす。八十たび練り、九十たび振つ《う》。三寸上好の刊刀なり。此の刀を服する者は、長寿にして子孫洋々、□恩を得る也。其の統ぶる所を失わず。刀を作る者、名は伊太和、書する者は張安也。

(白石・前掲書)

稲荷山古墳（行田市）の鉄剣には「獲加多鹵支大王」の名が刻まれており、江田船山古墳（和水町）の大刀銘には「獲□□□鹵大王」とあり、二つの銘文には「左治天下」と「治天下」、「杖刀人」、「典曹人」と類似した表記も見える。古墳の形成は五世紀後半から六世紀初と見られ、雄略（ワカタケル）の時代に対応するとされる。これを検討する。

① 年代

稲荷山古墳の王については「辛亥年」を四七一年ととるのが通説であり、「紀」の年代、『宋書』からの推定年代を示す。

稲荷山古墳の王の活動年代＝四七一年以前

雄略の在位＝四五六〜四七九年

武の活動年代＝四七七（または四七八）〜五〇二年

この年代の不一致は解決されない。それぞれ別の王と見る。

② 稲荷山古墳

王名について「ワカタケル」と読めず、雄略の別名である大泊瀬幼武《おおはつせわかたける》とも一致しない。漢字の使用があり同一字を使うと見る。音を漢字に当てたとしても、同一名となるとは思われない。江田船山については三字不明である。

銘文中「シキの宮」の表記があるが、「紀」では雄略の宮は「泊瀬の朝倉宮」であり、「シキの宮」でない。一方、古墳の北方には「磯城宮《しき》」がある。銘文はその宮を指していると考えられる。

「左治天下」の漢語の意味は「佐《たす》けて国を治める」ことである。つまり、稲荷山古墳の王を助けている臣がいて政治をしていた。この場合、王が病弱とか年少の場合が多い。つまり、その王を助ける臣がいて政治をしていた。その天下の意味は国全体を指すものでなく、北関東一帯ととって不自然でない。一方、雄略は「紀」から見ると専制的な王ととれ、地方出身で王を助けて出仕していた人物も見当たらない。また、「紀」から統一を実証し得ない。

墓の位置について、王はその中央に埋葬され、王を助けていたと見られる男のものは少しずれた位置にある。つまり、剣銘でふれている人物は王を助けて政治を執っていたが、死後、王の脇に埋葬された。それまでの深い関係から同一の墓に埋められた。加えて、そのいきさつを記したと考えられる。

二人の男の関係として次が指摘されている（古田武彦『日本古代新史』）。

古墳の主　粘土槨《かく》（中央部）　五世紀末
副の男　礫床《れきしょう》部（少しずれた位置）　六世紀初

中央の男が死に、その男を助けていた男が後に同一の墓に埋葬された。剣銘はそのいきさつを示した。細部は不明だが、古墳からの事実はこれのみである。

その中央の王が近畿にいた雄略であるはずがない。中央の男の近畿への出仕も不明である。

天下の意味は列島全体でなく、北関東一帯である。当時の古墳からも国があったことがわかる。

稲荷山古墳のある埼玉古墳群は利根川と荒川に挟まれた低台地上にあり、稲荷山古墳との時代の一致は未確認であるが、同じ頃、九基の前方後円墳と五十基以上の円墳があった。一つの国を想定できる。次に主な古墳をあげる。その国が一つの独立国として存在していたとして矛盾は一切ない。

稲荷山古墳　前方後円墳　全長約一二〇メートル
二子山古墳　〃　〃　一三五メートル
鉄砲山古墳　〃　〃　一一二メートル

将軍山古墳	〃	〃	一〇一メートル
中の山古墳	〃	〃	七九メートル
瓦塚古墳	〃	〃	七四メートル
奥の山古墳	〃	〃	六六メートル
愛宕山古墳	〃	〃	五三メートル
丸墓山古墳	円墳	直径	一〇〇メートル

また、杖刀人の具体的内容は武人であることが推定されるのみである。「紀」においてこの名称は出てこない。近畿の官制と直接関係のない北関東王国独自のものと見られる。ヲワケは王に杖刀人《じょうとうじん》の首として奉事し、シキの宮で政治を執っていた――これらの具体的内容は不明である。そして、ヲワケはこのことを明らかにするため銘文を作らせた。

「大王」について、国際的に見て朝鮮半島にも三、四人の大王がいた。関東において大王がいたとしてもおかしくない。古墳からはその事実が推定される。その大王が雄略となるわけがない。

③　江田船山大刀銘文

銘文から次が言える。

- 獲□□□鹵大王の頃である。
- 奉事の典曹人、名はムリテが刀を作った。
- 刀を服する者は長寿と子孫の洋々を得られる。
- 刀を作る者の名は伊太和《いたわ》、書する者は張安《ちょうあん》である。

獲□□□鹵大王が「ワカタケル大王」と読めない。三文字不明であるだけでなく、ワカタケルとの音の類推ができにくい。銘文の主人公はムリテであり、その長寿と子孫の繁栄がこめられている。その時代が獲□□□鹵大王の時代であり、年代は不明である。

大王名がワカタケルと読めないから、古墳の王が近畿の王となるわけではない。

江田船山古墳は熊本県の北部を流れる菊池川中流域にある前方後円墳であり、ほかに数基の前方後円墳、円墳などと清原古墳群を構成している。造営年代は五世紀後半から六世紀初とされ、九州にいた豪族ムリテの経済力を示す。

ムリテは典曹人《てんそうじん》として大王に仕えていた。その大王が雄略と比定するわけではない。四、五世紀の九州の歴史を見れば、仕えていた王が九州にいたとして不自然でない。

いずれにしても、雄略の九州支配を実証するものでない。

また、典曹人の具体的役目について「紀」に記事はなく、王に仕えていた文官の一種と考えられるのみである。

古墳からは多くの金銅製装身具が出土する。それらは朝鮮半島の古墳の副葬品と共通する。半島から直接輸入されたか、その技術を受け入れて王国で作られた。そのルートとして、有明海沿岸の各地の諸勢力が半島と活発に交易していた。

これは一つの王国を推定させる。少なくとも近畿に依存して国を維持する必要がない。

九州地方の豪族であったムリテが典曹人として大王に仕えていた。その国が九州にあり、朝鮮半島とも広く交易していた。これを示すものが直刀、剣、鉾、鏃などの武具、神人車馬画像鏡、画文帯神獣鏡などの鏡、勾玉、管玉、金銅製耳飾、冠帽、帯金具などの装身具類、くつわ、あぶみなどの馬具などである。高い文化と朝鮮半島とのつながりを推定させる。

雄略は倭の五王中の武でない。武の上表文から朝鮮半島に影響力を持っていた倭王が北九州にいたことがわかる。大型の前方後円墳は近畿内での応神朝の政権の広がりを言えても、全国的な統一を言えない。また、雄略そのものが前方後円墳でない。二つの刀剣名は地方の大王の存在を示すものと考えた方が自然である。

仮に雄略が武とすると、武は中国の冊封体制の中に入り、将軍号を受け、五〇二年まで生きている。その雄略が稲荷山古墳の大王とすると、つじつまの合わないことが多い。

四人が別の王とすればその矛盾は生じない。

関東にも、九州にも王がいたことになり、雄略の全国統一はあり得ない。

三　天武・持統・文武朝の全国統一

七世紀において王権が強化されるだけでなく、統一的な政治・経済制度が確立されていった。国造制と律令制がその代表的なものである。天皇は国家支配を正当化する原理となり、神格化さえされた。

国家の成立について、類形化して示す。

首長制社会（弥生時代）

各地での小国家の成立

初期国家（三〜六世紀）

各地に王国分立。九州王国と大和王国並立

王国内における身分制や階層の成立

古代国家（七世紀）
天皇号制定と権限強化
律令法典の制定
貨幣鋳造
日本国号制定
官僚制の整備
地方制度の整備
年号の制度化

1　国の統一

天皇や国号などについて、ほかの時代とは異なる動きがあり、統一が実証される。

①　天皇の名称の確定

天武はその権力を高め、神格化さえしている。天武朝の天皇名の木簡が出土する。

②　日本国号の確定

中国および朝鮮の史料から確認できる。

③　天皇の即位式

即位は天皇についたことを天下に公布することであり、これに加えて、伝説的な収穫祭である新嘗祭に服属儀礼的な要素を加えて大嘗会を創設している。

この式の意味として、中央の権力者によってなされ、それが従来の王位継承や就任と明らかに異なっている。

「紀」には七世紀末の持続天皇紀にこのことを明記する。

「持続五（六九一）年、大嘗会を行う」

なお、「記紀」ではこれ以前の天皇紀において、このことを明記していない。

時代背景について次があった。

白村江の戦いで九州王国は完全に弱体化し、朝鮮半島における倭の勢力も新羅によって完全になくなり、半島は新羅によって統一された。

列島では九州王国の力が弱まり、相対的に近畿の力が著しく強まり、統一が進んだのである。

統一を国際的に見れば、唐帝国との白村江の敗戦と新羅の統一が大きく作用した。

④　中国史料からの日本

『旧唐書』にも反映し、七〇三年、唐は新しく国号を「日本」とした国と国交を開始している。また、それまでの倭国は日本国に統合されたことも明らかにしている。

⑤　年号

年号について直前まで倭国と大和国のものと見られるものが並立していたが、「大宝」として統一され、それ以後二つの年号はない。

⑥　九州王国と大和王国との関係

二つの王国の対立と見られるものは磐井の乱である。これで大和王国の力が圧倒的になった。しかし、その後の九州王国がなくなったようにはとれず、磐井の子も生存した。さらに朝鮮半島における倭の勢力も全てなくなったわけではない。

この二つの動きが完全になくなったのは白村江の戦いである。唐と新羅の連合軍は九州王国を主体とする倭の勢力を完全に打ち破った。

列島は大和王国によって統一された。

⑦　法律制度、経済制度の創設

朝儀の式、鋳銭司、大宝律令など国としての基本的仕組が次々と整えられている。
なお、正史についても「紀」と分け『続日本紀』としている。

⑧　天皇の権力の確立

天皇の権力がきわめて強まり、その力が専制的になるだけでなく、神格化さえされていった。
その神格化した天皇も唯一絶対なものでなく、他国に例があり、古代の一時期のものである。
「日本の天皇が人にして神、神にして人たる霊位なる存在であるということも、その霊位なる存在になるための儀礼も、大陸の騎馬民族国家の君主のばあいとまったく同様なことを知るのである」（江上波夫『騎馬民族国家』）
即位式の真床追衾についても韓国に類似なものがあり、大陸の騎馬民族には建国者が天神あるいは日神の子とするものは多い。唯一で独特のものでない。政治制度に唯一絶対的なものはなく、欠点のないものもない。

2　日本国号の制定

「紀」には国号の制定について時期が明記されていない。
改めて中国史料を引用する。

「倭人伝」の邪馬台国は北九州にあった。記事にふれている各所の地名、距離および「漢委奴国王」印が北九州から出土したことから動かしがたい。方向も一致する。

『隋書』（「俀国伝」）は述べる。

「俀国は、百済、新羅の東南にあり」

「開皇二十（六〇〇）年、俀王、姓は阿毎、字は多利思北孤、阿輩の雞弥と称す」

『旧唐書』（「倭国伝」、「日本国伝」）は述べる。

「倭国は古の倭奴国なり。京師を去ること一万四千里、新羅の東南の大海の中にあり」

「日本国は倭国の別種なり。其の国日辺に在るを以て、日本を以て名と為す」

『新唐書』（「日本伝」）も同様のことを記す。

「日本は古の倭奴なり。京師を去ること一万四千里、新羅の東南に直る」

「後、ようやく夏音に習い、倭の名をにくみ、更めて日本と号す」

ここまでのところで北九州に倭国があったことがわかる。倭国と別の日本国ができた。その日本国は、倭国が日本国に統合されたのか、倭国が日本国を統合したのか、倭国が日本国となって統合したのか明確でない。しかし、倭国と別種の日本国が成立したことは疑いない。

次はその国号の制定の時期である。

倭国が唐に通じたのは太宗の貞観二十二（六四八）年である。

『旧唐書』（「倭国伝」、「日本国伝」）は述べる。

「日本国は倭国の別種なり。其の国日辺に在るを以て、故に日本を以て名と為す。或いは曰う、倭国自ら其の名の雅ならざるをにくみ、改めて日本と為す。或いは云う、日本は旧小国、倭国の地を併す」

さらに次のことがわかる。

●貞観五（六三一）年、使を遣わして方物を献ず。

●二十二（六四八）年に至り、また新羅に附して表を奉じ、以て起居を通ず。

●日本国は倭国の別種であったが、名を日本国と改め、倭国の地を併した。

●長安三（七〇三）年、其の大臣、来りて万物を献じた。

したがって「倭国」の国交として六三一（貞観五）年と六四八（同二十二）年が確認でき、この後、その国が日辺にあることをもって「日本」とした。

「日本国」としての中国との国交は、七〇三（長安三）年と七一三〜四一年（開元年間）である。

また『三国史記』（「新羅本紀」）の六七〇（文武五十）年の記事は中国史料を補う。

「倭国、更めて日本と号す。自ら言う、日出ずる処に近し、以て名と為すと」

日本国号の制定は六四八〜七〇三年であり、同じ頃、統一王朝の成立があった。敗戦後の危機に対応して国をまとめたと見る。

3　日本国の始まり

「紀」、『続日本紀』から国の統一がわかる（荒金卓也『九州古代王朝の謎』、中小路駿逸「宣命の文辞とその周辺」）。

●「紀」（神代紀、神武紀）には神から王（また王として治せよと命じられて九州の地に来た人物（皇孫または天孫））の子孫にあたる人物が東征して近畿大和に土地を獲得して、その地で即位して「天基を草創した」と記されている。

●天基を草創する人は「初代王」にほかならず、その王が初代王になるのは王の傍流の子孫の場合である。すなわち「紀」にはわが王朝が九州の昔の王の傍流の子孫による一王朝であると記されている。
●神武が九州より東征したことが『新唐書』（日本伝）に記される。

「其の王の姓、阿毎氏、自ら初主といい、天の御中主と号す。彦瀲に至る。凡そ三十二世、皆尊を以て号となし、筑紫城に居す。

彦瀲の子、神武立ち、更に天皇を以て号となし、徙りて大和州に治す」

●右の初代王（神武）の即位以前の東征が遷都であるわけがない。初代王となる人が王となる前に遷都でもないからである。

その東征の内容も遷都ととれない。

近畿以外に王権はなかったという記事はなく、王の東遷の記事もない。

九州に成立した王国の一部族または子孫が近畿に進出した。応神についても似た状況である。

逆に言えば、一定の時期まで九州などに地域政権があり、それらが七世紀末に日本国として統一された。

この契機となったのが、白村江の戦いであった。敗戦によって九州王国の力が決定的に衰退して、近畿王国を中心とする日本国が七世紀末に成立した。朝鮮半島の統一も関係した。

次を再確認する。

●九州から東征した神武・崇神・応神によって国全体の東遷がなされたと記されていない。
●近畿のほかに王国がなかったことも、九州にあった王国がなくなったとも記されていない。倭の五王の通商もある。
●北九州から東征した王によって近畿王国が成立したと見られるので、九州王国が宗家である。

●東征後の九州の農業生産力、鉄器などの技術がなくなったとは考えられず、一定の政治組織は残り、継続した。

白村江の戦いは『旧唐書』（百済伝）では六六二年、「紀」では六六三（天智二）年である。朝鮮半島における大事変である。その対立の軍として〈唐・新羅連合軍〉対〈百済・倭・高句麗連合軍〉である。ここで倭軍（日本軍でない。中国、朝鮮の史料で「倭軍」と記す）は決定的な敗戦となった。これについて「紀」では大きな記事になっていない。出兵の責任問題や将軍の死も書かれていない。これは倭軍の主体は九州王国であったからである。それだけでなく、直後に日本国と唐の友好が進んでいる。

「咸亨元（六七〇）年、使いを遣わして高麗を平ぐるを賀す。後、ようやく夏音に習い、倭の名をにくみ更めて日本と号す。使者自ら曰う、国の日の出ずる処に近し、以て名となす。或いは云う、日本はすなわち小国、倭の為に幷せられる。故に其の号を冒す」（『新唐書』）

六九七年に文武立ち、年号を「大宝」とした。七〇一年のことである。「紀」の最後の持統天皇の部分で天皇の譲位が述べられる。

「持統十一（六九七）年八月一日、天皇は宮中での策を決定されて皇太子（文武）に天皇の位を譲られた」この部分は漢文では、「八月乙丑朔、天皇定策金中禅天皇位於皇太子」。

この「定策」の意味について述べられる。

「子を王となさんとし、変更が生じて孫を王とした二つの事件は奇しくも同様のかたちをなす。かくして持統大上皇と新帝文武とはそれぞれ天照大神と降臨の君とに重ね合わされ、古き始源の王位と現実の王位とが同格同質となり、神代の神秘がいまに現前し、新装王朝の尊貴さは高まり、光輝は絶大となろう。

そしてかく当代と天孫降臨とを重ね合せ直結させることによってかの九州王権の存在はおおいつくされ

てしまうだろう。
かく思いはかってこの譲位は行なわれた。この思いはかりが特筆された定策の内容である」（中小路・前掲論文）
定策によって九州王権の存在を覆いつくし、新現の政権の中に吸収されたとある。
さらに「定策」の意味について述べられる（荒金・前掲書）。
●天子が空位になった時、重臣の手で新たな資格者を推挙し、新天子を決定すること。通常のことを言わない。
●天子の任命、即位のみに限定されて使用される。
九州の王を含む全ての候補者の中から、統一王国（日本国）の王（天皇）を即位させたのである。持統には天皇候補者として弟の天明、天武の子の草壁、大津、舎人、高市、天武の孫の元正、文武ときわめて多くの候補者がいた。この中で文武（四十二代、六九七〜七〇七年）を即位させた。

これに続いて統一の事業が実施されていった。

六九八（文武二）年　朝儀の式をする。

六九九（文武三）年　初めての鋳銭司を置く。

七〇一（大宝元）年　年号を大宝とする。

七〇二（大宝二）年　大宝律令を天下に頒布した。

これらは七世紀末の統一日本国の始まりである。

この時、神格化された現神「天皇」の支配する日本を絶対化することが国民に幸福をもたらすとは限らない。政治制度に絶対はなく、その長所・短所と限界を考えながら進むしかない。

主要参考文献

相見英咲『魏志倭人伝二〇〇〇字に謎はない』講談社、二〇〇二年
赤城毅彦『邪馬台国発見史』雄山閣、一九九七年
天本孝志『古代朝鮮動乱と筑紫国――宇美神社創建の謎』葦書房、一九九五年
荒金卓也『九州古代王朝の謎』海鳥社、二〇〇二年
荒木博之他『邪馬台国は東遷したか』三一書房、一九九四年
石原道博編訳『魏志倭人伝・後漢書倭伝・宋書倭国伝・隋書倭国伝――中国正史日本伝(1)』岩波書店、一九五一年
石部正志他『天皇陵を発掘せよ――大古墳の研究はなぜ必要か』三一書房、一九九七年
石渡信一郎『百済から渡来した応神天皇――騎馬民族王朝の成立』三一書房、二〇〇一年
尹錫暁（兼川晋訳）『伽耶国と倭地――韓半島南部の古代国家と倭地進出』新泉社、二〇〇〇年
井上光貞『日本の歴史1　神話から歴史へ』中公文庫、二〇〇五年
宇治谷孟『現代語訳　日本書紀』上下、講談社学術文庫、一九八八年
内倉武久『太宰府は日本の首都だった――理化学と「証言」が明かす古代史』ミネルヴァ書房、二〇〇〇年
梅原　猛『森の思想が人類を救う――二十一世紀における日本文明の役割』小学館、一九九一年
江上波夫『騎馬民族国家――日本古代史へのアプローチ』中公新書、一九九一年
大庭　脩『卑弥呼は大和に眠るか――邪馬台国の実像を追って』文英堂、一九九九年
岡田英弘『倭国――東アジアの世界の中で』中公新書、一九七七年
奥野正男『邪馬台国紀行』海鳥社、一九九三年

小田富士雄編『磐井の乱――古代を考える』吉川弘文館、一九九一年
小田富士雄『倭国を掘る――地中からのメッセージ』吉川弘文館、一九九三年
小田富士雄編『倭人伝の国々』学生社、二〇〇〇年
春日市教育委員会編『奴国の首都須玖岡本遺跡――奴国から邪馬台国へ』吉川弘文館、一九九四年
金関恕他『邪馬台国の謎に挑む――エコール・ド・ロイヤル 古代日本を考える』学生社、一九八八年
河村哲夫『西日本古代紀行――神功皇后風土記』西日本新聞社、二〇〇一年
熊谷公男『日本の歴史 第03巻 大王から天皇へ』講談社、二〇〇一年
倉野憲司校注『古事記』岩波書店、一九六三年
佐賀新聞社他『倭人伝を掘る――吉野ケ里・原の辻の世界』長崎新聞社、一九九八年
佐々木稔編著『鉄と銅の生産の歴史――古代から近世初頭にいたる』雄山閣、二〇〇二年
佐原真著／金関恕他編『戦争の考古学』岩波書店、二〇〇五年
篠川　賢『大王と地方豪族』山川出版社、二〇〇一年
白石太一郎『古墳とその時代』山川出版社、二〇〇一年
白石太一郎編『日本の時代史　2　倭国誕生』吉川弘文館、二〇〇二年
白石太一郎『考古学と古代史の間』筑摩書房、二〇〇四年
鈴木秀夫『森林の思考・砂漠の思考』ＮＨＫブックス、一九七八年
鈴木靖民編『日本の時代史　2　倭国と東アジア』吉川弘文館、二〇〇二年
諏訪春雄編『倭族と古代日本』雄山閣出版、一九九三年
高見勝則『倭の女王国を推理する』海鳥社、二〇〇一年
武光　誠『三角縁神獣鏡の死角』新講社、一九九八年
武光　誠『邪馬台国がみえてきた』ちくま新書、二〇〇〇年

武光　誠『邪馬台国と卑弥呼の事典』東京堂出版、二〇〇五年
田村圓澄他『古代最大の内戦 磐井の乱』大和書房、一九九八年
沈仁安（藤田友治他訳）『中国からみた日本の古代――新しい古代史像を探る』ミネルヴァ書房、二〇〇三年
筑紫申真『アマテラスの誕生』講談社、二〇〇一年
佃　収『倭の五王と磐井の乱』ストーク、二〇〇一年
寺沢　薫『王権誕生』講談社、二〇〇〇年
遠山美都男『天皇誕生――日本書紀が描いた王朝交替』中公新書、二〇〇一年
所　功『年号の歴史――元号制度の史的研究』雄山閣出版、一九八八年
富田徹郎『卑弥呼の幻像』日本放送出版協会、二〇〇一年
豊田有恒『古代日本はどう誕生したか――封印されてきた古代史の謎』青春出版社、一九九九年
鳥越憲三郎『女王卑弥呼の国』中央公論新社、二〇〇二年
中小路駿逸「宣命の文辞とその周辺――日本文学史の構図へのアプローチ」大阪大学医療技術短期大学部研究紀要
　人文科学篇16、一九八四年
奈良県香芝市二上山博物館編『邪馬台国時代のツクシとヤマト』学生社、二〇〇六年
西嶋定生他『巨大古墳と伽耶文化――〝空白〟の四世紀・五世紀を探る』角川書店、一九九二年
原田大六『実在した神話』学生社、一九九八年
平本　厳『邪馬台国佐賀平野説』東洋出版、二〇〇三年
平野邦雄『邪馬台国の原像』学生社、二〇〇二年
平野邦雄『帰化人と古代国家』吉川弘文館、二〇〇七年
広瀬和夫『前方後円墳国家』角川書店、二〇〇三年
広瀬和雄『日本考古学の通説を疑う』洋泉社新書y、二〇〇三年

藤田友治と天皇陵研究会『古代天皇陵をめぐる――古代天皇陵ガイドブック』三一新書、一九九七年
藤田友治『魏志倭人伝の解明――西尾幹二『国民の歴史』を批判する』論創社、二〇〇〇年
藤田友治編著『前方後円墳――その起源を解明する』ミネルヴァ書房、二〇〇〇年
古田武彦『九州王朝の歴史学――多元的世界への出発』駸々堂出版、一九九一年
古田武彦『日本古代新史――増補・邪馬一国の挑戦』新泉社、二〇〇〇年
古田武彦他『九州王朝の論理――「日出ずる処の天子」の地』明石書店、二〇〇〇年
古田武彦『関東に大王あり――稲荷山鉄剣の密室』新泉社、二〇〇三年
松本清張『吉野ケ里と邪馬台国』日本放送出版協会、一九九三年
三笠宮崇仁編『生活の世界歴史　1　古代オリエントの生活』河出文庫、一九九一年
水谷千秋『謎の大王　継体天皇』文春新書、二〇〇一年
村上恭通『倭人と鉄の考古学』青木書店、一九九八年
望月清文『3重構造の日本人――現代人の心をのぞけばルーツが見える』日本放送出版協会、二〇〇一年
森　公章『戦争の日本史　1　東アジアの動乱と倭国』吉川弘文館、二〇〇六年
安田喜憲『森林の荒廃と文明の盛衰』思索社、一九八八年
安本美典『封印された邪馬台国――日本神話が解き明かす77の謎』ＰＨＰ研究所、一九九九年
安本美典『応神天皇の秘密――古代史朝廷ミステリー』広済堂出版、一九九九年
安本美典『倭王卑弥呼と天照大御神伝承――神話のなかに、史実の核がある』勉誠出版、二〇〇三年
安本美典『古代物部氏と『先代旧事本紀』の謎――大和王朝以前に、饒速日の尊王朝があった』勉誠出版、二〇〇三年
安本美典『邪馬台国と高天の原伝承――「邪馬台国＝高天の原」史実は国内で神話化した』勉誠出版、二〇〇四年
柳田康雄『伊都国を掘る――邪馬台国に至る弥生王墓の考古学』大和書房、二〇〇〇年

山崎不二夫『水田ものがたり――縄文時代から現代まで』山崎農業研究所、一九九六年
大和岩雄『「日本」国はいつできたか――日本国号の誕生』大和書房、一九九六年
大和岩雄『新邪馬台国論――女王の都は二カ所あった』大和書房、二〇〇〇年
吉田敦彦『日本の神話』青土社、一九九〇年
E・O・ライシャワー（羽染竹一訳）『近代史の新しい見方』原書房、一九六四年
李　鍾恒（兼川晋訳）『韓半島からきた倭国――古代加耶国が建てた九州王朝』新泉社、二〇〇〇年

田島代支宣（たじま・よしのぶ）
1940年，東京都生まれ。東京都立大学卒業。元水資源開発公団勤務。著書に『水と土と森の収奪——循環をとりもどせ』，『水とエネルギーの循環経済学——大量消費社会を終わらせよう』（いずれも海鳥社）がある。
現住所＝久留米市西町305−8

卑弥呼《ひみこ》女王国《じょうおうこく》と日本国《にほんこく》の始《はじ》まり
九州《きゅうしゅう》起源《きげん》の日本国《にほんこく》

■

2008年8月20日　第1刷発行

■

著者　田島代支宣
発行者　西　俊明
発行所　有限会社海鳥社
〒810-0074 福岡市中央区大手門3丁目6番13号
電話092(771)0132　FAX092(771)2546
http://www.kaichosha-f.co.jp
印刷・製本　有限会社九州コンピュータ印刷
ISBN978-4-87415-689-6
［定価は表紙カバーに表示］